U0102507

福建

传统的福文化

福建省政协文化文史和学习委员会
福建省炎黄文化研究会 编

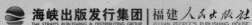
海峡出版发行集团
THE STRAITS PUBLISHING & DISTRIBUTING GROUP ｜ 福建人民出版社
FUJIAN PEOPLE'S PUBLISHING HOUSE

图书在版编目（CIP）数据

福建传统的福文化 / 福建省政协文化文史和学习委员会，福建省炎黄文化研究会编. --福州：福建人民出版社，2022.12（2024.3 重印）

ISBN 978-7-211-08948-2

Ⅰ.①福…　Ⅱ.①福…　②福…　Ⅲ.①地方文化—研究—福建　Ⅳ.①G127.57

中国版本图书馆 CIP 数据核字（2022）第 217502 号

福建传统的福文化

FUJIAN CHUANTONG DE FUWENHUA

作　　者：福建省政协文化文史和学习委员会　福建省炎黄文化研究会	
责任编辑：何水儿	
责任校对：李雪莹	
出版发行：福建人民出版社	电　　话：0591-87533169（发行部）
网　　址：http://www.fjpph.com	电子邮箱：fjpph7211@126.com
地　　址：福州市东水路 76 号	邮政编码：350001
经　　销：福建新华发行（集团）有限责任公司	
印　　刷：福州印团网印刷有限公司	
地　　址：福州市仓山区建新镇十字亭路 4 号	
开　　本：787 毫米×1092 毫米　1/16	
印　　张：12.5	
字　　数：165 千字	
版　　次：2022 年 12 月第 1 版	
印　　次：2024 年 3 月第 3 次印刷	
书　　号：ISBN 978-7-211-08948-2	
定　　价：80.00 元	

本书如有印装质量问题，影响阅读，请直接向承印厂调换。

版权所有，翻印必究。

目 录

目录

1

目录

导　言

"福"，是中国最古老的字之一。"福"字最原始的意义，就是双手捧举酒器虔诚地敬奉上苍，以祈求上天保佑，赐予好运。

随着生产力的发展，先民对人与自然关系的认知亦随之提高，包括对"福"的理解与认识，这在《尚书·洪范》中得以集成性地体现。商纣王叔父箕子向周武王陈述治国安邦策略时提出"向用五福，威用六极"的主张。"五福"："一曰寿，二曰富，三曰康宁，四曰攸好德，五曰考终命。"而"六极"则相反，短命、疾病、忧愁、贫穷、品行恶劣等。

"五福"思想对后世影响至深，贯穿于治国理政、修身齐家等过程，并不断踵事增华，至今已融入我们生活的方方面面。福是国人共同的愿景、集体的无意识，并沉淀为一个博大而深邃的文化体系。人们对神奇的自然现象，发达的人文，美好的事物、现象、心理诉求，统统归结为福。福文化是一种影响深远且广大的价值观，是各民族风情和精神情感的凝结，是不断创造和丰盈的、鲜活而开放的文化系统，可谓无处不福，无时不福。

◎ 清刊本《钦定书经图说》之《王访箕子图》

◎ 福州乌山石刻

◎ 闽菜名品佛跳墙

◎ 鸡汤汆油蚌

文化具有地域性，福建福文化同样也深深打上了闽地文化烙印。

福建是以儒家文化为主流而融合了古闽越族元素、异域元素、海洋元素等各类文化的交汇地。中国传统的福文化在福建特有的地理、气候、历史、文化、社会环境中呈现出具有福建地域特色的存在形态，积存在风土、人情、语言、艺术、道德、教化、宗教、信仰、族群、图腾等等生活的琐碎中。

福建卧海负山，徜徉于山水之间，既是农耕文明的尽头，亦是海洋文明的前沿。闽山含烟凝翠，闽水潺湲奔流，江海相连而互动。想先贤驾一叶轻舟，凌万顷茫然，鲸波浴日，江涛浸天，凭海为市，别有一番天风海韵。福建气候温和湿润，水、大气、森林覆盖率等生态环境指标令兄弟省份羡慕。寿山福海，宜居怡情，当为福建之福。

大自然还赐予了福建丰富的物产，所谓"山珍海错各自奇"。身处八闽，有享不完的口福。闽菜就是先民融山海丰饶之食材、南

导言

3

◎ 安溪生态茶园：头戴帽（山顶森林）、腰系带（山腰茶园）、脚穿鞋（山脚农田）

◎ 北苑贡茶时期龙凤茶模型图，从中可见贡茶制作技艺与传统祥瑞文化的结合

北烹饪之技法、海内外多样之调料而创制的著名菜系，经典菜品如佛跳墙，特色小吃如鱼丸、肉燕、土笋冻、面线糊等等都蕴含着福文化的因子。

福建的很多城市，历史都给予了一款值得骄傲的名茶，如铁观音、茉莉花茶、大红袍、天山绿、福鼎白茶、白芽奇兰、漳平水仙、正山小种等等，品种之齐、品类之多，独步全国，自宋即有"天下之茶建为最"之誉。色不论红绿青白，皆是让人舒服的颜色；名不论肉桂水仙，都给人以美的遐想。

福建最早为闽越族人栖息之地，与生俱来的崇拜自然万物心理，生成为浓烈的、后世所谓的"好巫尚鬼"观念。晋唐以来，中原汉人代有南迁，他们所带来的文化、科技、习俗，与古闽越土著文化不断交融，而沉淀为地域性文化群落。宋元海上贸易繁盛之时，不同种族、形态的文化在同一块地域进行空前的碰撞，令福建文化异彩纷呈。海纳河涵，开放开先，有容乃大，有容乃强，福建文化逐渐定型，成熟，生生不息，在教育科技、文学史志、书画工艺、建筑人文、艺术宗教、民俗节庆等领域形成鲜明的地域特色，在中华优秀传统文化大系中具有独特的地位和价值。

福文化亦体现出福建特有的地域表达。"福地福人居"，福建乃人间福地。福建、福州、福清、福安、福鼎等地名，最直观地反映了百姓的所念所盼；永安、永泰、寿宁、周宁、水吉、崇安等等寓意吉祥的名称，无不表达了民众心中最直观的诉求。至于含"福"字的街道里弄、寺庙道观、寨堡桥梁与文物礼制等等就难以计数了。

世世代代的福建人怀着对福的期许，勤勤恳恳，憧憬着，更开拓着美好的生活。宋淳祐五年（1245），宋理宗御批"敷赐五福，以安一县"，即在今天的宁德市析置福安县。按照首任县令郑黼对御旨的解读，就是"自求多福，修己以安"。这话说得很实在，道出了基层社会治理的最高准则，追尚国泰民安就是"福"，这是治国理政的亘古法则。

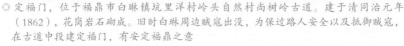

◎ 定福门，位于福鼎市白琳镇坑里洋村岭头自然村尚树岭古道。建于清同治元年（1862），花岗岩砌成。旧时白琳周边贼寇出没，为保过路人安全以及抵御贼寇，在古道中段建定福门，有安定福鼎之意

◎ 福州鼓山"福地重游"石刻

◎ 福船模型图

在国如此，就个人而言亦不例外。明代福清籍宰辅叶向高告老还乡时，将家乡"郭庐山"改为"福庐山"，这样，他便成为另一重意义上的"五福老人"了，即福建省、福州府、福清县、福唐里、福庐山。乍一看，像个通信地址，但不管怎么说，足见传统的"五福"

思想影响至深，人们变着花样追求人生的幸福美满。平潭有五福庙，与此几乎同出一辙，只是为纪念名臣陈福而已。

福字当头，安宁兜底，福寿康宁既是福建的表情，更是八闽的底色。例如，福建造的船在明清文献中被称为"福船"。福船尖底、阔面、水密隔舱设计，作为商船，可在"海丝"浪花中破浪前行；作为战船，在剿灭倭寇中功勋卓著；作为官船，伴随郑和下西洋、出使琉球等，是国之重器。福船之福，实至名归。

◎ 福州林浦村泰山宫门额"平山福地"。南宋端宗在此匆忙登基，旁有康江书院，朱熹曾在此讲学

◎ 永泰白云乡姬岩清代摩崖石刻"福"字

◎ 永泰方广岩摩崖石刻"闽山福地"。清光绪五年（1879）九月初九，陈宝琛的祖父陈景亮七十岁游历方广岩时题

◎福州象山摩崖石刻

　　王审知开闽以来，发展商贸，招贤纳才，广开庠序，福建陆续涌现出一大批超群出众的历史人物。他们在学术思想、教育科技、文学艺术、货殖营生等领域叱咤纵横，令历史铭记。

　　至宋以降，如黄仲昭云："大儒君子接踵而出，仁义道德之风，于是乎可以不愧于邹鲁矣。"理学集大成者朱熹，思想革新者李贽，海洋英雄人物郑成功，开眼看世界的林则徐，向西方寻求真理的严复，以及向世界宣介中国的陈季同、辜鸿铭等等，积极推动社会变革，造福民族民众，所积淀的朱子文化、海洋文化、客家文化、闽南文化、民间信仰等对中国乃至于世界经济、社会、文化产生过重大影响。

　　对福文化，他们也不同程度地进行了阐发与身体力行的实践，如朱熹、李贽、谢肇淛、梁章钜、林则徐、陈衍、林觉民等，大大丰富了福文化内涵。

　　福建人始终走在反抗外敌入侵、维护国家权益的前沿，从郑成功驱逐荷兰殖民者，到鸦片战争、洋务运动、马江海战、甲午战争、辛亥革命、五四运动、抗日战争，一代代福建人挺身而出，肩负时代使命，其奋斗精神永远激励后世。尤其在中国共产党领导人民奋斗的峥嵘岁月里，那些为国家独立与人民幸福而抛头颅、洒热血的福建人上演了可歌可泣的故事。八闽大地，红旗不倒。福建是中央苏区的重要组成部分、红色政权的重要开创地、红色人文的重要凝结地、红色精神的重要传承地，全程见证了中国共产党人的初心和使命。改革开放以来，福建敢为天下先，经济快速发展，位次在全国提升幅度最大；精神文明、生态文明等许多领域的建设与许多产业的发展领先全国，人民有满满的幸福感。

福建福文化从千年历史深处走来的精彩，后人虽然没有停止过诠释，但还未全面系统地挖掘与整理，大量福文化遗存或尘封在图书馆发黄的页卷之中，或镌刻在石碑中，在某个角落里与风雨相伴。不撷拾这些片段于心不忍，更于心不安。为展示福建传统的福文化魅力，让百姓知福惜福造福，让福文化在当今焕发出新的气象，服务于福建高质量发展，建设人间福地，《福建传统的福文化》由是而成。

《福建传统的福文化》以通俗的笔触提炼了福建传统的福文化特点，解读了散布在八闽山山水水间的"福"字背后的深蕴；撷取文化典籍、书法绘画中的福文化信息，以梳理福建福文化脉络，体味福建一代代志士仁人对国强民富的探索精神；展示撒播在建筑、碑

◎ 福州闽江畔举行的迎新春福文化灯光秀

9

刻中的祥瑞图案，品鉴千百年来百姓对福最质朴的期盼与追求；介绍极富福建传统地域特色与鲜活的祈福习俗；阐发如何汲取福文化的精神力量，将福文化与弘扬社会主义核心价值观结合起来，在当下这个幸福的时代，讲好福建福文化的故事，凝聚民心，增强人民群众对八闽福文化的认同感、归属感和自豪感，实现福文化的创造性转化与创新性发展，为子孙后代造福，更为中华民族的复兴与基业长青而造福。

《福建传统的福文化》图文并茂，将福建历史上有代表性的福文化图片汇集一堂，令人眼界大开。

打开这本书，福气扑面而来。

第一章　万千期盼，集于「福」字

千百年来，集万般美好于一字的，只有"福"字。

福是中国人集体意识和情感认同中最执着的守望。从庙堂之高到江湖之远，从精英到草根，人们对福文化的理解、认识与追求，都结合自身的能力、所处环境，随物赋形，给予了最质朴、最渴望的表达。

国人崇福尚福的心理诉求，首先体现为对"福"字的情有独钟。比如，上自宫室下迄里巷，从节庆到人生礼仪，"福"字被广泛应用，尤其是传统上最隆重的节日——春节期间，城市农村、大街小巷，贴春联、挂"福"字成为一种节日喜庆的标配与象征。人们对幸福的向往和追求，千百年来不断进行着最具创造性，也最富有趣味的表达，像大家熟悉的将"福"字倒贴的习俗，寓意"福到了"等等美好的心愿。

"福"字的书写方式也被演绎到了极致，乃至于构成了一幅幅福文化的绚丽画卷。比如，有出自皇家的端庄的"福"字，有大量的民间创造的一笔"福"字，有福禄寿合体"福"字，有龙凤构图的"福"字，有字画一体的"福"字等等，千态万状，绰约多姿，令人叹为观止。

福建有大量的"福"字遗存，散落在明山秀水之间、雕梁画栋之上，多历岁月磨蚀，有的虽已渍痕斑驳、面容漫漶，但依旧气场十足，极具震撼，似乎一笔一画间仍流淌着温情，诉说着过往，传承着文化基因，并化作凝聚人心的精神纽带而鲜活如初。

一、石上"福"字最可人

摩崖石刻被称为"石上史书"。八闽的千山万壑之间散落着大量的摩崖石刻，如武夷山、鼓山、乌山等等。这些石刻或盛赞风景之优美、人文之厚重；或即景抒怀，警示后人；或文友唱和，惺惺相惜，留于后世一段段佳话，其中不乏大量的福文化内涵。山川的宏大与福文化的深邃相辉映、历史价值与艺术价值融为一体，既为山水添色，更泽被后昆。

1. 朱熹的"德福观"

朱熹一生创办书院，讲学授徒，著书立说，创立学派，传播学术思想，所到之处，留下数量可观的遗迹，其中包括福文化元素。

鼓山灵源洞有朱熹楷书"寿"字，高 4.15 米、宽 3.05 米，极具视觉冲击。淳熙十四年（1187），朱熹与王愚、陈孔硕等相约拜谒涌泉寺元嗣长老，游灵源洞，登水云亭时念起在四川制置使任上的老友赵汝愚，遂磨文于岩。赵汝愚是宋宗室名臣、昭勋阁（仿唐之凌烟阁）二十四功臣之一。4 年后，赵汝愚再次履职福州时登临鼓山，看到朱熹爱纪其事，顿时心情大畅，即兴抒怀："江月不随流水去，天风直送海涛来。"数年后，朱熹再次游历鼓山，目睹赵汝愚题刻，心潮涌动，摘其诗句，在绝顶峰留下"天风海涛"榜书。不承想，通过一方石刻，两个志节高操之人跨越时空，沟通了心灵，抒发了治世情怀，成千古韵事。"天风海涛"题刻常为后世吟诵，成为鼓山摩崖石刻的地标。登鼓山挹天风海涛之胜成为后世文化胜景。而朱熹，显然是鼓山文化的标杆。清乾隆时期福州知府李拔在鼓山留下不少有趣的题刻，其中有"仰止亭"，铭曰："我登鼓山，中心仰止。仰止何人，曰惟朱子。"

◎鼓山灵源洞朱熹书"寿"字

朱熹在乌山也留有一个"福"字，但不知何因而毁。十多年前，乌山整修美化，有心人建议将其在永泰嵩口镇梧埕村牛斜自然村福斗湾峭壁上题刻的"福"字拓来刻于此。该"福"字字径约 3.6 米，结体谨严、端庄丰润，充盈着满满的福气。

朱熹承袭了传统儒家的"德福观"，并昧旦丕显，不断充盈，特别是强调实践性，对后世影响深远。他说过，"人之福祸皆其自取"，主张治国理政当"修德行政，康济兆民"。朱熹坚持"正朝廷以正百官，正百官以正万民"，就是说，官员一定要修德，修德的目的是为民造福。朱熹总是不厌其烦地宣传这一主张，他为潘良贵文集作序曰："公明正大之人用于世，则天下蒙其福；私暗邪辟之人得其志，则天下受其祸。"这正是朱熹民本思想的深刻反映。《孟子集注》言："国以民为本，社稷亦以民而立。""明天理"是朱子理学的重要思想，"平易

◎乌石山"福"字坪

◎永泰县嵩口镇梧埕村福斗湾朱熹书"福"字

◎ 朱熹像及题字

近民，为政之本"是朱熹坚持须"大明于天下"的最重要的天理之一。他常常寓理于诗，比如在《仁术》中解析孟子的仁思想时有感而发："在昔贤君子，存心每欲仁。求端从有术，及物岂无因。恻隐来何自，虚明觉处真。扩充从此念，福泽遍斯民。"

朱熹的父亲朱松曾言："知耻可以养德，知分可以养福，知节可以养气。"知分，就是懂得安本分守规矩，如陆游诗言"但有知分堪养福"。

难能可贵的是，朱熹不仅是德福论的大力倡导者、躬身实践者，还是卓有成效者。

朱熹出仕第一站，是同安主簿，甫一上任，即在县署大堂高悬"视民如伤"匾额。这四字出自《左传·哀公元年》，原话是："国之兴也，视民如伤，是其福也。其亡也，以民为土芥，是其祸也。"即是说，如果官员对待百姓都像对待自己身上的伤口一样，是国家之福啊！

朱熹生活的南宋时期，民族矛盾、冗官冗兵现象更加凸显，朝廷财政时常吃紧，乃至于到了鬻牒（向出家人收取准许费）的地步，对此，朱熹主张"革弊政、恤民隐"，即革除各种不公平、不合理的弊端，纾缓百姓因社会矛盾带来的各种疾苦。在乾道四年（1168）春夏之交崇安的一次救荒实践中，朱熹目睹了因山洪暴发、泥石流冲击而造成百姓房屋倒塌、田地被淹、乡民忍饥挨饿的惨状，更见识了朝廷派遣的赈灾使的敷衍塞责。此情此景，朱熹十分气愤，这也促使朱熹下决心推出一套简洁实效的救荒机制。

中国历史上，旱涝、冰雹、瘟疫、虫害等频仍，抗御灾害、备荒赈济自然是官府的重要职责，因此而产生了独特的荒政制度。史书中常提及的"常平仓"就是官方为储备粮食、平抑物价而专门设置的粮仓，影响重大而深远。

创建社仓就是朱熹践行自己民本思想、无须体制内运作的一项重大举措。这就是著名的"朱子社仓法"，简单说就是一种以丰补歉、乡民自救的办法。朱熹殷鉴前贤的做法，在传统借还谷米的基础上，增加了收取利息的办法。乡民每借一石谷米，秋收后须交利息二斗，遇荒歉之年利息减半，大灾之年则利息全免。

朱熹创办社仓的做法在崇安的五夫里获得成效，之后他将此法加以总结，提炼为一份切实可行的《社仓事目》。淳熙八年（1181），朱熹奏事宋孝宗时，一并陈述社仓之法，并请求在各地推广，很快就得到朝廷批准，社仓法迅速施行，从此成为南宋荒政的一项重要制度。至宋理宗时，社仓制度更为普及，几乎遍行南宋各地，并一直沿袭下来。比如，明朝的冯梦龙主政寿宁时也重修社仓，而建瓯的社仓更是在1949年人民解放军解放建瓯时，还为解放军提供了军粮。

当然，大家都熟知，朱熹对中国影响最大的是其学术思想，元明清时朱熹的理学思想是官方主流意识形态、科举考试之圭臬。"中国古文化，泰山与武夷"，孔孟后未有如朱子之尊者。大儒世泽，影响深远。以朱子学为代表的宋明理学上承传统，下启后学，不仅深刻影响着中国文化传统、人文精神，还辐射到东亚、东南亚乃至全世界，是人类文明的一项重要成果。

2."福"字见证理学传承

漳州市龙文区的云洞岩是典型的花岗岩风化构成的景观，岩石相叠相压，相依相靠，相拥相抱，形成石洞奇观。移步换景，别有幽趣，千百年来受高士墨客青睐，摩崖石刻比比皆是，有"闽南碑林"之誉，如《鹤峰云洞岩游记》达1160余字，赞山石之美与在此研学的明代理学家蔡烈之贤。

朱熹知漳州时曾在此讲学，云洞岩有其"溪山第一"石刻，无疑是云洞岩厚重的文化积淀的标志。朱熹在漳州任上不长，也就一年，但力行教育，遗泽千年，乃至于漳州历代理学名家辈出，如陈淳、蔡烈、黄道周、蓝鼎元等。诸多名家继承道统，并将理学发扬光大。于学，读书穷理，各有创见；于政，明纪严律，拯救社稷，造福百姓，留得一世英名。

摸摸"福"字，沾沾福气，将平安幸福带回去，也是传统福文化的重要表现形式。云岩洞山腰上"福"字摩崖石刻备受游人青睐。据说，此"福"字为道光年间龙溪人曾省所题，表达其"金石存百世，题福祝万年"之愿。

福建其他地方也有这种习俗，如福清灵石山的"福"字，出自清道光年间翁飞云之手，字高1.9米、宽2.6米，雄浑磅礴，大气开阔，颇具福态，游客到此，多喜欢摸一摸，好事者说，站在"田"之下角如能摸到"示"字顶端的一点，即能得大福。在福字题刻上方有马逢周、林镳题款："灵石为全闽福地，佳景不可胜计，勒此一字，足括全胜，而书法精工，而肌骨相称，洵与山石之灵并垂不朽。"

◎云洞岩"福"字

◎五云岩石刻"福"字，
位于漳州市南靖县金山
镇河坑村五云岩。 字
长1.096米、宽0.872米，
署名卢寅清

◎福清灵石山"福"字

3."福地洞天"

武夷山秀甲东南，山峰峭拔，红紫呈祥，望之若朝霞；水溪潆洄，岩随水出，若天造地设，史称"海内山水之灵异，于斯为最"。西汉时朝廷把武夷君列入郊祀盛典。唐时武夷山被朝廷敕封为名山大川，道教、佛教活动遂日渐兴盛。宋时闽地文化开始繁盛，杨时、游酢倡道东南，朱熹、胡安国、蔡元定等著述和授徒于此，文人雅士一时游览觞咏，流风余韵，彬彬极盛，大为山水增色。尤其是理学集大成者朱熹曾在武夷山自辟精舍，远避世纷，专意肆力于身心问学数十年，传统文化至此又臻新高峰，武夷山遂有"道南理窟"之誉。

武夷山摩崖石刻遍布于峰岩洞壑之间，诗文辞赋、官府告示、寓理箴言等内容繁复。武夷山胡麻涧有"福地洞天"题刻，落款光绪辛丑年（1901）。从相关文字看，系古闽赵以成书，吴航赵大魁、潭阳赵廷瑜镌石。幅面高 2.1 米、宽 1.1 米，字径 33 厘米 × 33 厘米。

福地洞天一般指道教修行之所，有十大洞天、三十六小洞天、七十二福地之说。具体所指，历代说法不一。唐末道门领袖杜光庭《洞天福地记》将武夷山列作道教三十六小洞天之第十六洞天。北宋张君房《云笈七签》卷27《福地洞天》则将宁德霍童山列为三十六小洞天第一洞天。

福寿相依。在武夷山的诸多"寿"字石刻中，尤其以在同一处有一行书"寿"字历来为人热议不断，解说纷纭。此寿字为天游观住持柯朴妙勒石，字体瘦长劲健，自然取长寿之意，总体看颇有仙风道骨之感。

八闽"山水奥区，游览者武夷山而外，唯太姥为最"。太姥山古称"仙都"，殊绝人境，以峰险、石奇、洞异、水玄、雾多驰名于世；融山、海、川、瀑、洞等自然景色和寺、寨、镇等人文景观于一体，历来游人如织，亦留下不少佳话墨迹。宣统元年（1909），永春人林汝成选取拔贡（各省学政选拔优秀生员贡入京师，称为拔贡生），心情愉悦，携友畅游太姥山，留下"福地洞天"石刻。该石刻位于

◎ 武夷山胡麻涧"福地洞天"

◎ 武夷山胡麻涧"寿"字

福鼎市太姥山白云寺前,"福地洞天"四字横排、楷书阴刻,宽2米、高50厘米,字径为30厘米×30厘米。林汝成是书法家,留有的不少墨迹中不乏福文化的内容,如永春县民国时期大商贾沈逢源故居德兴堂中有其题写的"云现吉祥,星明福寿;花开富贵,竹报三多""德业本修养,慈孝友恭崇圣训;兴隆期远大,吉祥富贵振宗风"等楹联。

4. "福寿" 牵两山

鼓山是福州最有代表性的山景，历代文人雅士登咏不绝，留下难以计数的文化遗迹。在鼓山峰顶，有福之州，一览无余。南望，双江如带，逶迤绵延；北看，群山竞峭，诸峰并峙；西览郡城，一派祥和；东望大海，一气茫然。

乌山自宋以来即是福州人登高览胜、杯茶清话、洗尘慰劳之所，尤为仕宦所爱，留下佳话无数。熙宁三年（1070），郡守程师孟钟情乌山，认为其可比道家的蓬莱与瀛洲。乌山与屏山、于山素称福州"三山"，鼎峙而立于福州闹市区，如这座山水城市中的蓬岛瑶台。

福州鼓山灵源洞有章寿彝榜书行体"福"字，用笔灵动飞扬，气韵连贯，虽多露锋，但总体看含蓄稳健中又流露出秀雅之气，"示"字旁上的一点，像个寿桃。旁款将这一"福"字的来历说得很明白，光绪七年（1881），章寿彝与几位朋友游览鼓山，寺僧明本索要"福"字，章寿彝欣然命笔。巧的是，在2021年风景美化中，发现乌山上还深埋着一个"寿"字，竟然是章寿彝同一时期所作。章寿彝游历

◎ 章寿彝题 "福" "寿" 字

乌山时深为唐宋以来乌山名人石刻所打动，兴之所至，留下一"寿"字。与"福"字不同的是"寿"字是草体，飘逸洒脱，尤其是下方的"可"字，与通常笔势不同，如一苍劲古朴的桃树，左侧像一个桃树叶子，右侧像挂了一颗桃子。

章寿彝是湖南善化人，善结交游历，与左宗棠、曾纪泽等交好，工书画，但作品存世不多，从仅有的题材看，多追求闲逸之致，如《梅鹤双清图》。

乌山霹雳岩下有摩崖石刻，出自嘉定十七年（1224）郡丞詹乂民之手，赞"巨木交荫，悠然远览南台，江中风帆浪舶，历历可数。前则田畴广衍，后则屋室参差"。元大德二年（1298），闽海道肃政廉访使赵文昌有诗道："城绕青山市绕河，市声南北际山阿。运来运去三晡雨，霜后霜前量禾熟。"一幅青山绿水、梦里丰年、儒风兴盛的景象。淳熙十年（1183），赵汝愚与朱熹同登乌山，在桃石留有题刻。清代长沙僧人寄尘云游至闽时，在乌山南崖有榜书"寿山福海"。

◎ 鼓山林开斌题"福寿"

◎乌山"寿"字

◎于山榕寿岩

名刹涌泉寺坐落于鼓山山腰,藏而不露,负阴抱阳,寺庙建筑依山势由低至高逐步抬升,与周边山泉林石融为一体。入寺须经三道屏障,一是"石鼓名山"牌坊,二是"万福来朝"牌坊,三是"海天砥柱"牌坊。"万福来朝"牌坊始建于清光绪年间,现在则是一座木结构牌坊,四柱三门。"万福来朝"是传统吉语,也就是万福都来

到的意思，因此深受人们喜爱，史上有万福图、万福来朝图。清雍正四年（1726），宫廷画家陈枚绘制的《万福来朝》图很有代表性，因其是恭祝雍正皇帝生日，图中密密麻麻的蝙蝠从祥云中迎着滚滚的潮水，飞向海上仙山，以此祝愿雍正皇帝洪福齐天。

福州山多，山多胜迹，胜迹多福文化。三山之一的于山有榕寿岩，据传是为榕树祝寿之意。于是有道光十六年（1836）的一个苍劲有

◎ 于山榕寿岩"寿"字

◎福州市马尾区亭江镇东岐村道头门山麓，有两方粗厚的石碑，略呈方形，长宽各2米，厚0.3米，上刻篆书"福寿"二字

力的"寿"字，榕、岩、寿融为一体，游人多在此驻足品鉴，沾染一丝祥瑞气息。

鼓山历来为祈福场所，灵源洞有题刻显示，道光七年（1827），福建布政使吴荣光手书金刚经施于涌泉寺，为民祈福。

二、皇家赐福

吉祥气息，千百年来大江南北、不同民族总是相似的。清宫过年的一些程式与民间一样，也要挂春联、贴门神，书"福"字、帖子等。当然，还有皇帝的赏赐项目，已成惯例，清廷历代承续而为，如御前王公大臣被赐平安荷包以及鹿、鱼食物等，外廷大臣也偶尔有赐荷包者，被赐者叩首谢恩，随即佩于身上，无比荣幸。

1. 赐福苍生

康熙开先河，每年过年时，都要书写"福"字，后来成了定例。一般是腊月初一举行开笔书"福"仪式。皇帝书写"福"字仪式很庄重，笔与纸都是专门制作的，比如带有云龙纹图案的绢纸，乾隆皇帝还要求笔上刻"赐福苍生"四字。有首宫词《赐福字》描述道："年年腊朔御重华，赐福苍生笔有花。御墨龙笺书福字，近臣分载福还家。"诗下小注说："乾隆间每岁十二月朔，懋勤殿太监陈龙笺、墨海及赐福苍生笔于重华宫，帝亲书福字，分颁御前书房五大臣。"据说，受赐的大臣双手恭捧"福"字，举过头顶，满心欢喜，一直顶出宫门，寓意满身都是福。

康熙皇帝惜字如金，能得到御笔亲书"福"字的是一些近臣、后妃等。这不知是不是与康熙的养福思想有关，康熙说过："人生衣食财禄，皆有定数。奢侈过求，受尽则终。若俭约不贪，则可以养福，亦可以致寿。"

雍正皇帝在位时就不同了，将赐福范围扩大到直省将军督抚等封疆大吏，遂有千里送"福"字一说，后世多揶揄其此举乃笼络人

第一章 万千期盼，集于『福』字

25

心。如此之说未免肤浅，其实则饱含雍正皇帝吏治与福民生的主观用意，让得到赏赐的诸臣看见"福"字，心中有所触动，时时存可以获福之心，行可以获福之事，如其所言："盖必诸臣皆有福，方为朕之福，是朕实赖诸臣之福也。又必天下百姓皆有福，然后为吾君臣之福，是君与臣皆赖百姓之福也。愿与诸臣共勉修福之道。"言下之意，福乃天下之福，非一家一省之福，各地百姓都乐业安居，是天下最大的福。因此，皇帝赐"福"，不仅仅是一种节庆习俗，更富含其安邦治国的用意。君王治理天下，以福民生为旨归。上行下效，地方治理亦如此。

　　乾隆皇帝更是重视开笔书"福"之典，据说自乾隆十七年（1752）阐福寺落成后，每年大年初一乾隆都要去寺里上香祈福，然后便回重华宫埋头写"福"字。挥翰前焚香致静，题咏以纪，如乾隆十四年的题福诗云："近始藩屏逮百僚，临轩书福庆恩昭。九畴箕子畴书衍，一笔土家笔阵超。嘉与红笺迎介祉，相扶彩胜焕元朝。不徒弄翰钦敷锡，家法绳承仰圣尧。"显然，乾隆把清宫赐"福"的规矩阐释了一遍。书写好的"福"字赐予皇子、近臣、宗藩、各省将军督抚等一百多人。除了写"福"字，皇帝还要书写对联等。

◎康熙御笔"福"字

◎嘉庆御笔"福"字

书写"福"字不仅仅是为了迎春热闹红火，更是承继祖宗之法，冀开辟尧舜之世。

2.尽心报国甘国宝

传统上书写"福"字，要字形围绕字意写得端庄平正、圆润饱满、厚重富态，充盈着浓浓的福气。境由心生，笔由心执，字由心设，好的情致、好的心境才能最大限度地激发水准，才能把"福"字写出福样。而皇家书写"福"字，还要求雍容华贵、中正和气，这需要书家良好的修养、修为、修炼。清帝书法造诣不一，所写的"福"字自然功力不齐、神态参差。

乾隆三十三年（1768），皇帝召见广东提督甘国宝，细询家事，御赐"福"字及其他珍贵物品，并谕旨晋级。乾隆皇帝赐予甘国宝的这个"福"字就圆润饱满、福意浓浓。臣子能得到皇家赐予的"福"字，自然是莫大的殊荣，不只个人福气满满，也是家族的荣耀。受赐者要焚香设案，上表谢恩，装裱悬挂。

甘国宝自幼聪颖好学，文武兼修，雍正十一年（1733）中武进士，乾隆二十四年（1759）出任台湾总兵，任内严守海疆，体察民情，倡导礼义，鼓励耕种，和睦民人，岛内一派升平景象。在福建

◎乾隆御赐甘国宝"福"字匾

第一章　万千期盼，集于「福」字

27

水师提督任上，甘国宝提出"防陆者不可处于家、防海者不可处于陆"的理念，深得乾隆嘉许。在后来的云南开化总兵、广东雷琼总兵等任上，甘国宝皆能竭尽心力，高效完成平叛、缉捕海盗、赈济饥民任务，深得民众仰慕。福州一带更是将其事迹编成戏剧等，甘国宝因此在海峡两岸家喻户晓，富有传奇色彩。

乾隆皇帝御赐"福"字金匾，现悬挂在甘国宝屏南县漈下村祠堂。其行状（反映逝者生平事迹的文章，一般由逝者故旧叙写）曰其"居官廉慎，尽心报国，勿坠家声"。甘国宝为官一任，廉洁克己，上不愧君民，下不损家声，可为后世官员楷模。

3. 福将罗英笏

罗英笏是今沙县区夏茂人，据《沙县志》（1992）载，罗英笏，乾隆四年（1739）殿试赐武探花，点授御前侍卫。乾隆九年授云南维西营参将，承办军务，很有谋略。在平定金川叛乱之后，乾隆皇帝赐予"福"字。乾隆二十六年，皇帝再赐"福"字，加授武显大夫。

据罗氏族谱记载，因在平定叛乱中屡立战功，乾隆皇帝赞誉罗英笏为"福将"，似有实至名归之感——因其同榜的状元、榜

◎乾隆御赐罗英笏"福"字影印件

眼，一个常吃败仗，一个出师未捷身先死。罗氏族谱中保留着乾隆三十四年罗英笏告老还乡后皇帝赐予的"福"字原版，底纹正上方是龙，下方是寿山福海，充盈着皇家贵胄之气。同时期的官志涵赞道："鼎甲胪传，奠定水陆，威镇南郡，西州推榖。礼佛阅闱，神韵士服，风虎云龙，频膺天禄，惟公所独，解组归来，钦赐曰福。"官志涵曾任延平府尹、翰林院监察御史，福建南平人，其记载可信度高，评价得当。

4. 一门三杰卫海疆

黄正纲是罗源人黄英的三子。康熙六十年（1721），黄英任台湾总兵，尽职尽责，深得民众信赖。黄正纲则历官江南、浙江、广东三省提督，史载其在任上不畏海上凶险，有胆有识，出击贼寇总冲锋在前；居家期间礼贤下士，赈济灾民如感同身受，奉献出至诚之心。

黄正纲在浙江提督任上，乾隆皇帝御赐"福"字。其卒于任上后，乾隆皇帝感念其一生的忠直气节，遂命"奉旨动帑建坊，钦赐祭葬，加赠一级"。据说，文学名家曹秀先为之作诗曰："重臣夙望映三台，荣觐枫宸雾色开。要与海南宏保障，特传赐福自天来。风清闾阖贺朝元，上将雍容佩主恩。露湛萧浓伺春宴，国祥家庆集儿孙。"黄正纲墓地牌坊曾遭破坏，今仅留左边坊柱，上有联曰："一门诰命沾恩重，累世封疆宠渥新。"透过些微信息，足可窥见其一门忠烈。

黄正纲的几个孩子中，要数黄光璜成就最高，其从戎浙标，历官至福建水师提标游击。

5. 陈若霖的 14 个"福"

嘉庆皇帝书"福"似乎更为讲究，"开笔之典，每岁元旦子刻，上御养心殿东暖阁，案设金瓯玉烛，御用笔曰万年青，管曰万年枝。先染朱毫，继宣墨翰，各书吉语数字"。道光、咸丰、光绪皇帝自然也没例外。不同的是，自道光皇帝始，除御笔"福"字赐重臣外，有时又加赐"寿"字。陈若霖七十寿辰时道光皇帝就赐予其"福寿"，至今悬挂在福州市仓山区螺洲镇店前村陈氏宗祠。

◎ 陈氏宗祠"福"字匾

福州螺洲镇的陈氏宗祠最初为明嘉靖后期陈淮创建的家庙，清康熙年间扩建为宗祠，雍正时重建，道光时陈若霖主持重修。螺江陈氏宗祠布局讲究，门前有古色古香的木栅栏，两旁立有旗杆碣，祠内仪门、天井、回廊错落有致，最吸引眼球的是众多题匾，且多出自名流之手，如门额系左宗棠所题，此外还有李鸿章题的"冠带今螺渚，诗书古颍川"，张之洞题的"世系昌鸣凤，仙居相约螺"等。

陈若霖仕宦历乾嘉道三朝，一生为官清正廉明，在诸多领域都有成就，尤其精通律法、善断疑案，屡屡受到皇帝嘉奖。据陈若霖墓志铭载："精于律学，善折狱，廷臣莫及。长官有疑狱必委公。……负经世之略，于水利、厄塞、行师、控夷、捕逆诸大端莫不通究，而归本于爱民。……四为巡抚，遇水旱灾祲，轻则奏缓，重则奏蠲，奏借籽粒。"

《望坡府君年谱》曰，陈若霖一生共得到嘉庆、道光皇帝 14 次赐"福"。是目前得悉的福建籍人士受赐最多的，而最高的纪录是乾隆时期浙江钱塘人王际华，高达 24 次。

◎ 陈氏宗祠"福寿"匾

◎ 陈氏宗祠牌匾

陈若霖的14个"福"不妨一一细览，也可从中窥见清宫皇帝赐"福"的细节：

嘉庆二十一年（1816），"途次蒙赐《钦定全唐文》一百函，并颁到御书福字"。

嘉庆二十二年，"岁除，颁到御书福字及鹿肉、野鸡"；嘉庆二十三年、二十四年依旧。

道光三年（1823），"正月，折弁回，恭领御赐福字、鹿肉、野鸡"；"十二月，岁除，颁到御书福字、鹿肉、野鸡"。一年得两次赐福。

道光四年，"十二月，赏御书福字一幅，鹿肉、狍肉一分"。

道光五年，"十二月，召对乾清宫，赏御书福字一幅，鹿肉、鹿肉、野鸡肉等件"。

道光六年，"十二月，又连日赏御书福字一幅，荷包五件，狍鹿、野鸡全分"。

道光七年，"岁除，颁赏御书福字、鹿肉、麂肉"。

道光八年，"四月二十九日蒙恩赐寿，钦派上驷院卿福公森，赍到御书敬典承庥匾额一面，福寿字各一方，寿佛如意蟒袍、朝珠、绸缎陈设各件"；"御赐仁宗睿皇帝圣训二十函，辽金元三史各一部，御书福字一幅，荷包五件，狍鹿、野鸡一分"。

道光九年，"十二月，领御书福字一幅，荷包五件，狍鹿、野鸡一分"。

道光十年，"十二月，领御书福字一幅，加赏寿字 幅，荷包五件，狍鹿、野鸡一分"。

道光皇帝御赐陈若霖的"敬典承庥"匾、"熙朝屏翰、盛世珪璋"匾，现悬挂在其故居。屏翰，意为卫国之重臣；珪璋，原为贵重的玉器，后泛喻人格之高贵。陈若霖故居还有同朝的大书法家翁方纲的两方题匾，一为"赐书楼"，一为"居敬堂"，充盈着浓浓的诗书气息。林则徐、梁章钜皆与陈若霖同朝为官，十分敬佩这位乡贤，林则徐高度评价陈若霖"三十州都督，文武兼资，王命秉钺临天府；五百里德星，恩威并济，老尚陈篇对古人"。梁章钜赞其"天家颁玉轴，至今矩矱昭垂，读法数白云旧典；玉馆握金绳，后比文章丽则，摘华比红

常存厚道以培家运

勿因小忿而失至亲

文诚公遗故宗典传至八第
癸亥九月 宝琛敬赟

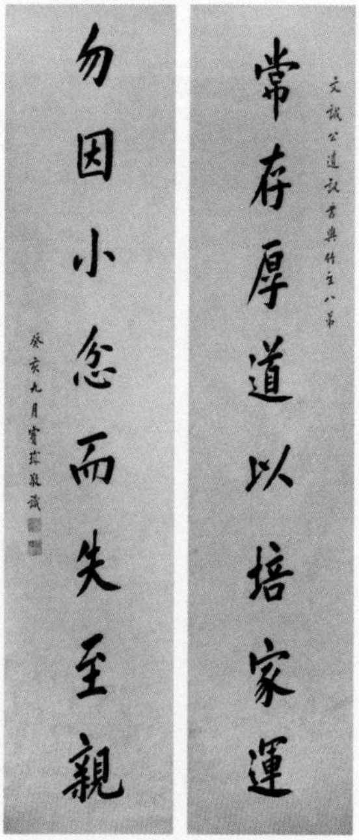

◎陈宝琛书

杏新词"（"白云旧典"，系指陈若霖掌管刑狱之事）。林、梁二人对陈若霖为政、为文、为德归总均十分恳切，并非碍于乡谊而奉承。陈若霖热心家乡建设，秉公执法，深得家乡人民的拥戴，乃至于有一出著名闽剧《陈若霖斩皇子》，便是以他为主人公。

陈家世代簪缨，这与其注重家学分不开，从其家训楹联"常存厚道以培家运，勿因小忿而失至亲""百代羹墙"中可窥见一斑。陈氏的家学渊源让陈氏家族在科举之路上大放异彩。雍正朝，三位进士登科，乾隆朝亦如此；嘉庆、道光朝，各一位进士登科；咸丰朝，两位进士登科；光绪年更是出现"兄弟、父子、叔侄同榜进士"，至今仍被传为佳话。

陈若霖立世治家以厚道待人，其"常存厚道以培家运，勿因小忿而失至亲"被后代奉为圭臬。后人陈宝琛即喜欢手书乃祖楹联。

6. 福国利民林则徐

从上文可看到清廷赐"福"惯例，皇帝除了赐"福""寿"两字外，往往还会一同赐予别的礼件。《林则徐日记》载，道光十五年（1835）十二月十七日，"捧到恩赏御书"福"字、"寿"字各一幅，鹿肉、狍肉各二方"。如同其他受赐者一样，道光皇帝不但赐"福""寿"两字，还送他鹿肉，一下子福、禄、寿齐全了。

道光十七年（1837）十二月二十七日，林则徐得到同样封赏。在今福州林则徐纪念馆的树德堂正中神龛内的林则徐坐像，长袍、蓄须，手持书卷，似在思索国家社稷之未来，楣额上悬挂有清道光二十年皇帝御笔"福寿"匾额，两字中间还有四行小字："愿卿福寿日增，永为国家宣力。"系赐福之后的朱批文字。

三次赐福，皆与林则徐虎门销烟的壮举没有联系，应是清廷年节惯例。

林则徐一生为官十余省，所到之处，整修水利，选拔人才，整肃吏治，革除弊政，厉行禁烟。在受命钦差广东任上，他雷厉风行，全力收缴鸦片，断绝鸦片来源，发布告示，晓谕粤省士商军民等速戒鸦片，颁发查禁营兵吸食鸦片规条，发动民间力量进行禁烟，在

◎ 林则徐纪念馆

全省范围内收缴烟膏、烟土、烟枪、烟灯，还配制戒烟药，发送给吸食鸦片者服用。由于措施有力，出现了许多父劝子、妻劝夫戒烟的动人情景。道光十九年四月二十二日（1839 年 6 月 3 日），林则徐下令在虎门海滩当众销毁鸦片，即举世闻名的虎门销烟。他作祭海文，祭告海神，痛斥殖民者贩卖鸦片、毒害中国人民的罪行。他还担心熬化的鸦片烟土流入大海伤及水族，祈祷海神令水族暂避。

林则徐的多年官宦生涯，有好几篇"祈晴祈雨"疏，实则是其"恃民兴邦"的民本思想的反映。他说过："聪明正直之谓神，有功德于民之谓神，御大灾捍大患之谓神。"显然，林则徐认为"有德于民"才能称之为"神"，而什么是"有德于民"呢？就是为老百姓解除大灾大患，为民降福祉。"上感岳神造民福"，神就是要为民造福。其实，林则徐本身就是一尊为民造福的"神"，他的"苟利国家生死以，岂因祸福避趋之"名言激励后代千千万万人。林则徐在给妻子的家书中说："盖以身许国，但求福国利民，与民除害。"这是一代廉吏的内心剖白，承继了福建士大夫逆境中达观的精神，潜移默化影响着后世。

其实，林则徐也以此为座右铭并伴随终生。"苟利国家生死以，岂因祸福避趋之"两句诗出自《赴戍登程，口占示家人》。口占，即不是用笔墨书写的，多多少少含有嘱咐子孙之意。这首诗是道光二十二年（1842）林则徐自西安出发赴戍伊犁时所作，据林昌彝《射鹰楼诗话》载，这两句诗林则徐常不去口，临终前还在念叨着。至今我们还能看到其被制作为楹联，悬挂在一些庄重场合。

林则徐手书楹联还有一些大家耳熟能详，如"海纳百川，有容乃大；壁立千仞，无欲则刚"等。林则徐的治家"十无益"也常令人动容，被后人奉为立世治家格言。

我们今天常讲弘扬中华优秀传统文化，什么叫弘扬，言传而身教显然是有效的途径。沈葆桢就是个很好的例证。沈葆桢是林则徐

◎ 林则徐纪念馆内道光帝赐"福寿"匾

◎ 林则徐邮品

的外甥，也是其女婿。他在与姻亲吴仲翔信中说过："吾辈出而任事，
国家是为，岂其为朋友私情耶？"不论是在船政任上，还是抚台期间，
沈葆桢谋事果敢坚毅，宵衣旰食，竭尽心力，最后在两江总督任上
受衰病折磨，面对旱灾、蝗灾、水灾，"日日提心吊胆过之""满野
哀鸿，一筹莫展"，乃至于鞠躬尽瘁。

　　林则徐是世界禁毒先驱，美国纽约广场矗立着林则徐塑像。联
合国教科文组织将虎门销烟截止日 6 月 26 日定为"国际禁毒日"。
林则徐和虎门销烟成为中国和世界历史上重要的一页。

　　鸦片战争后，福州传统的曲艺评话就宣传禁烟，歌颂林则徐，
现存以福州方言演唱的闽剧《林则徐充军》《林则徐与王鼎》《林则
徐复出》等皆讴歌了林则徐的人格力量。光绪三十一年（1905），

陈宝琛倡议组织"去毒社"，林则徐曾孙林炳章担负首任总社社长职责，开展了轰轰烈烈的禁毒活动。

7."一代福人"梁章钜

林则徐的好友梁章钜则得到道光皇帝的 6 次赐"福"。

梁章钜在《退庵自订年谱》中记载了 6 次赐福的情景。如"丙申（1836 年），六十二岁……正月，调授直隶布政使，以留办计典，迟至三月杪始成行，途次接奉擢抚广西之命。五月，抵京，递折谢恩，蒙连日召见六次，赐克食五次，即陛辞出京，挈丁儿、敬儿赴广西任，兼署广西学政……冬奉赐福字一方"。而不知什么原因，现在福州郊外的梁厝古村，只悬挂有道光皇帝赐予梁章钜的 3 个红底鎏金福匾。

梁氏祠堂始建于南宋，朱熹为其题堂号"贻燕堂"。梁氏世代耕读传家之风传衍有序，宗祠也极有特色，大门两侧的墙壁上镶着硕大的白象图，在福建并不多见。白象是用陶瓷杯盏拼接的，据梁氏族人说，其寓意"慈悲立乡"，象身上有鞍、方天画戟、云彩等，寓意吉祥和平安。

梁章钜一生为官清正，治世有方，秉持"有心用世，于世有为"理念，深切关注当时的漕运、水利、盐课等，并躬身力行，尤其是治理吴淞江、练湖等留下良好口碑。他在荆州府任上撰写自勉联"政

◎ 梁氏祠堂内道光帝御赐梁章钜的"福"字匾

惟求于民便，事皆可与人言"是其为政理念的自画像，所以他在处理纠纷、治理水患时皆从真心实意出发，许多疑难反而在他手上迎刃而解。有人认为梁章钜处理问题方式奇特，实际上奇就奇在他心里有百姓，一切以便民为准则，打破常规，信息透明，心底无私，即便用今天的眼光看，梁章钜的做法也极接地气，亲民有效。梁章钜痛恨一些官员洁身自好，甚至只为自己考虑，"不为百姓受过"，他非常推崇范仲淹，一生以范公为楷模。

在广西巡抚任上，梁章钜重治鸦片种植、贩卖行为，配合林则徐禁烟卓有成效。梁章钜政事之余勤于著述，涉猎庞杂，文学笔记多有建树，乃至于填补空白，如楹联、称谓等。70寿诞时好友撰联称其为"一代福人"，颇值得品咂。

林则徐在《梁公墓志铭》中赞曰："自弱冠至老，手不释卷。盖勤勤于铅椠者，五十余年矣"，"仕宦中著撰之富，无出其右。"林公所言，实不为过。梁章钜说过："学问之道，唯虚受益。虚则益明，明则益虚。"学问越多越发觉自己实际上知道得很少，越发放下身段，虚心向学，也就越有成就。梁公所言，实为至理名言。

8. 忠勤正直黄宗汉

泉州清源山也是一座文化名山，山中的摩崖石刻、石造像无疑是其中的精粹。赐恩岩"鸢飞鱼跃"题刻右下方岩石上有"福"字石刻，上下款署"咸丰二年十二月十三日，赐浙江巡抚黄宗汉，臣黄宗汉勒石"。该题刻行书，字高47厘米、宽46厘米，系晋江人黄宗汉咸丰二年（1852）在浙江巡抚任上时咸丰皇帝所赐。与其他受赐者不同的是，黄宗汉将"福"字刻在山石之间，定有其用意，或与其惯于打破常规的思维习性有关。

在浙江任上，漕运河道堵塞，黄宗汉遂另辟蹊径，积极开辟海道运输，并剿匪有功，深得咸丰赏识，对其朱谕嘉奖，有"朕与汝精神相注，如日追陪"之语。咸丰四年特诏褒励，赐黄宗汉"忠勤正直"匾额，勉励他"慎终如始，以成一代良臣"。稍后，黄宗汉

◎ 清源山"福"字

即被擢升为四川总督，他在任上平冤狱、筹兵饷、治盗患，谋事谨严，行动干练，深得民众仰赖。

第二次鸦片战争后，广东陷入危机之中，黄宗汉临危受命奔赴广东，出任钦差大臣兼两广总督、五口通商大臣。与虎门销烟的民族英雄林则徐一样，黄宗汉也是铁骨铮铮，力主抗击外夷侵略，于是早在赴任南下时，即沿途广招义勇，在广东联合绅民，锐意收复广州，以各种方式打击夷敌，卓有成效。可惜，慈禧听政后黄宗汉即被革职而永不叙用，之前受赐的荣誉也被一并收回。

9. 反哺祖国胡子春

有清一代，将赐"福"做到极致的，不是几位皇帝，而是慈禧太后。慈禧太后垂帘当国，亦喜翰墨，常书"福""寿"等字。但其擘窠大字时有做作之感，点画时有刻意写作寿桃状。与几位皇帝只有过年才开笔书"福"不同，慈禧太后平时就爱写"福"字，常赐予有功之臣。

在福建龙岩永定区下洋镇富川村豪仕寨自然村内，有一座典型的方形土楼建筑荣禄第，系东南亚著名锡矿大王胡子春的故居，大门嵌字"荣叨祖德，禄受皇恩"，是清光绪皇帝御赐，而门楣上

◎ 荣禄第门楣上的"福"字

◎ 荣禄第藏慈禧"福"字

"福""禄"两个石刻门簪，虫鸟体构图，作游离腾飞状，光耀祥和，在福建的其他建筑中还不多见。厅堂、屋檐、窗棂上多彩塑、雕饰，以蝙蝠、龙、鹿、花草等为题材，寓意吉祥如意。荣禄第还收藏有慈禧太后的"福""寿"两字，黄色绢底，爪龙纹红地，书法端正，用笔圆润秀敛。

胡子春早年即在东南亚经营矿业，目睹祖国积弱积贫遭受欺凌现状，积极捐款，以纾国难，或修铁路，或建学校，深得乡民敬重。胡子春较早投资祖国，是华侨反哺祖国的楷模。

第二章　福图里的祥瑞气息

传统的崇福心理，一个重要表现就是在"福"字书写上极尽巧思，甚至可以说把最美好的愿望、最聪明的才智用在"福"字的崇拜上了，不仅创造了难以计量的"福"字书写方式，而且还有更多的"福"字衍化字、衍化图等。从字到图，亦字亦图，字图一体，极富意趣，比如，集福禄寿三星于"福"字上、鲤鱼跳龙门、五谷丰登、麒麟送子、刘海戏金蟾、天官赐福等林林总总，画面热烈、欢快，动静有致，皆体现出平安、祥和、富贵之气，元素众多而又完美和谐地统一于一体。

在传统艺术宝库中，祥瑞文化图占有非常重要的地位，因独特的装饰风格和民族语言，艺术魅力经久不衰。祥瑞图在雕刻、织绣、绘画、印染、陶瓷器等等领域也都被广泛地应用，尤为民间喜爱。

吉祥图起始于商周，发展于唐宋，鼎盛于明清，是时，几乎到了图必有意、意必吉祥的地步。典型的吉祥图《福禄寿喜》表达的就是福如东海、官高位尊、功名利禄、延年益寿、喜事连连、多子多孙的意思。福禄寿喜图种类繁杂，但多采用蝙蝠、梅花鹿、瑞兽、喜鹊组合，有的还增添了钱币等形象，蝙蝠从天而降，梅花鹿扬蹄撒欢，寿桃鲜红挂树，喜鹊登梅报喜，好不欢快！

一、《百福图》

古人很早就利用了汉字的甲骨文、金文、篆书、隶书、草书、行书、楷书以及花鸟字体等，对"福"字进行分化与集成、双关与联想等，把"福"字组合成为一种艺术化的图案。

在中华传统文化里，"百"有着特殊含义，意味着"广大、无限"，《百福图》无疑是各类"福"字图案之最。《百福图》一般集中100个各种各样的"福"字写法，就字来看，或古朴端庄，或灵动飞扬，或沉稳厚重，整体布局疏密有致，观赏性强，极有意趣，千百年来深得各阶层人士喜爱，或制作成中堂，或镌刻在照壁上，或被用在各种工艺品和瓷器上。

史上《百福图》千姿百态，蔚为大观。有广泛影响的，如清代康熙年间青花瓷百福茶叶罐、清代象牙雕百福纹笔筒、清代金百福图紫砂壶、清代百福大花钱等，寓意百福骈臻，有享不尽的福分；而李阳冰篆书《百福图》是以篆体为主体字构图的百福图案，精致典雅、秀气娴静，在民间广泛流传。慈禧《百福百寿图》也是由100个写法各异的篆体"富"字和"福"字组成的圆形图案。"富""福"同源，百福图中常出现"富"字。还有其他形式的百福图，如以楷、草、隶、篆书体写的"福"字组成的矩形图案等等。

《百福图》常见于屏风以及果盒、供盒等木漆器，寓意"百事如意，幸福长久"。莆田市博物馆收藏的一件清代漆金木雕盒，盖为黑地刻竹描金并附题句，盒顶面红地浮雕八果形碟，盒身四面黑地阴刻百福金字。该馆收藏的另一件清代漆金浮雕盒，红地，盒顶面漆金浮雕瓜果8个，盒身四面浮雕百福篆字。在金漆的折射之下，100个金灿灿的"福"字极为祥瑞。

泉州市鲤城区紫檀玉石《百福图》，制作年代不详，但明显是一个寿屏，两侧对联："福如东海长流水，寿比南山不老松。"全部篆体，书写工谨，端庄雅致。

在泰宁县明清园有一幅《百福图》，极富雅趣，也极为罕见，是由100种不同的篆体"福"或"富"字配以寓意深刻的图案刻制而成，每幅图都值得细细品哂，有的是用典，如天官赐福；有的是瑞兽寓福，如螭龙、老虎等；有的是祥瑞图案，如葫芦、各种款式的钱币；有的诠释福、富同源一体及其衍化；有的呈现福文化的广泛内涵，如年年有余、福在眼前等。这幅《百福图》构思奇巧，字图相协，章章布排有致，形成完美的统一。

福州市台江区复池路83号的复初庵大厅内摆放着两面屏风。据负责人说，这两面屏风是清代"百福百寿"贴金屏风，来历无从考证，也残缺不全，两面屏风原是由10块长方形的插屏（竖板）组合而成，现只遗留8块。

第二章

福图里的祥瑞气息

43

◎ 福州台江区复初庵屏风

◎ 泰宁县明清园藏《百福图》

◎ 晋江梧林镇"百福墙"

晋江梧林镇老建筑中有一"百福墙"，墙面上点缀着用碎瓦片叠出的不同字形的"福""寿"字，有些甚至是写意而已，尚不具备字形。有人解读说，晋江是著名侨乡，历史上不少人下南洋，经过一番打拼，挣回庞大的家业，他们或许从老祖宗留下的这堵百福墙上领悟到了什么。

二、建筑中的"福"字雕饰

中国人对福字的偏爱最直观地体现在建筑物上。不论哪种建筑风格，端详其布局、架构、细节，其实都氤氲在祥瑞的气息之中，被一种平和而深远的幸福所包围。衣食住行，住宅是基本需求之一，而恰恰是住宅，是福文化的荟萃之地。许多历史遗存下来的宏阔建筑物雕刻繁复，题材丰富，不论是鸟兽山川，还是人物花果，其主题都是吉祥文化元素，无一例外表达的是居住者对幸福的祈愿。其所彰显出来的文史价值、美学价值和教育意义，永久生辉。而其中的"软装"楹联更是千百年来百姓向往福、追寻福、崇拜福、乐享福的直观体现，如永春吾峰镇吾西村张氏魁福堂有楹联："寻魁求魁承魁联魁，魁星高照；请福载福纳福聚福，福运踵临。"

第二章

福图里的祥瑞气息

45

可以说中国人把传统建筑的细节都留给了福文化。

北方一些人家常常在影壁上刻有大型"福"字,这些墙上的"福"字,字形生动多变,有的庄重;有的"福"字上下左右角嵌有蝙蝠,寓意"遍地有福";有的"福"字用鹿头、寿星头或桃子等吉祥纹饰组成,蕴含人们对福禄寿的期待和追求。福建传统民居,在建筑框架构造上,既汲取北方抬梁式木构架智慧,又有南方地区穿斗式木构架特点。在建筑平面布局上,既有三合院、四合院等中原传统民居格局,又有出于防卫需要修建的土楼、土堡、庄寨等富有地方特色的建筑形式,呈现出多元建筑文化并存的现象。比如福建土楼,是夯土建筑的典型代表,已入选世界文化遗产名录。而沿海的一些建筑完全用石头构造,坚固耐用,经得起海风磨蚀,常被戏称为是最早的"海景房"。

◎ 古民居建筑中的"福"字

福州市长乐区鹤上镇岐阳村九头马古民居。始建于清嘉庆年间,历时 80 年完工。九头马的小木作精巧别致,悬钟、斗拱、门窗、门扇……几乎无处不雕,建筑艺术作品多采用象征、寓意、谐音等传统手法,给人以美好的意念,如和合二仙、升平景象、吉庆有余、福禄寿喜等,其内容多是宣扬中华民族传统文化和表达古代人民对美好生活的憧憬。

1. 红砖里的红火气

走进闽南，恰如进入色彩的世界，朱红色的大厝明艳鲜活，总令人莫名其妙地多驻足一会儿。在福建的一些地方，大宅家第常称为"厝"，厝前有"埕"（房屋前面的一块空地）。闽南红砖红瓦的民居建筑，墙面出砖入石，红白相映，极富质感。石雕、砖雕、木雕、泥塑、嵌瓷等精美绝伦，散布在整栋建筑的墙面、梁枋、窗棂、柱础、屋脊。随着闽南人东渡入台，这一建筑风格亦延播至台湾地区。

如今，闽南红砖建筑已经沉淀为"红砖文化区"了。南安市官桥镇漳里村蔡氏古民居建筑群就是典型的代表。蔡氏古民居建筑群由蔡启昌及其子蔡资深于清同治元年（1862）至宣统三年（1911）兴建。在蔡氏民居令人眼花缭乱的题联、雕饰、治家格言中，有丰富的福文化元素，如"积善余庆""永福寿，尊道德"，尤其是其彩楼厝最具人文气息，后墙上雕着篆体"寿"字，两边文字是"文章华国，诗礼传家"。"蔡浅别馆"是招待客人的地方，正面墙上是水墨绘成的五福捧寿图案。

德典厝为蔡资深四弟宅第。德典厝门廊对看堵石雕刻着螭虎对舞"福"字。该石雕成正方形，阳雕，一条直立的升虎和一条盘曲的云虎组成圆形的团"福"，表达了祈福祝福的愿望，又借助了虎的神威，富有朴素的诉求；四角各有一只翩翩起舞的蝙蝠，四只蝙蝠和圆形螭虎"福"字，构成五福，雕刻在德典厝门廊对看堵石上，寓意五福临门。此外，德梯厝门廊对看堵石也雕刻着螭虎对舞"福"字，更为灵动欢悦。

闽南传统建筑正厅叫寿堂，寿堂后部设有固定的木板壁，称寿屏，也可以设神龛，称公妈龛。寿屏、公妈龛前放置香案、供桌。德梯厝大厅寿屏顶堵，为"福禄寿"字，以传统建筑卯榫工艺用木条拼成。

蔡氏古民居建筑群的构思与中国传统吉祥文化、教育功能高度统一，主人虽为华侨，眼观世界，但仍坚守中国传统文化，深知诗书传家，因此精选格言，刻于石，雕于木，悬于堂，张于扉，可谓用心良苦。"遵道德，礼仪明；存孝悌，唯明伦；积善家，家道成""施

◎ 德典厝门廊中的螭虎对舞 "福" 字

◎ 寿堂

在我有余之恩，则可以广德；留在人不尽之情，则可以全好"等格言、门联，对修身、治家等具有教育意义。再如，"兄弟同居忍便安，莫因毫末起争端。眼前生子又兄弟，留与儿孙作样看"等等，对如何教育子孙都讲得很具体。其言传身教、以身作则、垂范后昆等等教育手段至今仍不过时。

2. 坊巷处处福元素

福州的三坊七巷自唐以来即为缙绅雅士的居住与活动中心，沿袭至今，被称为"里坊制度活化石""明清建筑博物馆"。

里坊是唐宋基层建制，城内为坊，城外为里。三坊七巷沿着南后街布局，东边七巷，西边三坊。坊巷名字中不乏吉祥之意，如七巷之一、位居最南边的"吉庇巷"。

福州地区建筑也以三坊七巷最具代表性。从空中俯瞰，一个个海浪似的、流畅有致的马鞍墙如一枚枚音符，刹那间，似乎对"建筑是流动的音乐"有了大彻大悟。沿着中轴线南后街，坊巷纵横，空间静美。小巷石板铺路，两侧白墙耸立，时有丽人撑着油纸伞走过，为坊巷增添了无限韵致。三坊七巷的宅院，一般除门头房外，都围上风火墙，流畅翘角，美观、灵动又实用。院内布局错落有致，门、廊、插屏、天井、花厅、假山、水榭，阁楼建造在最后面，多为女眷所用。门窗、厅堂明间正立面和构架三个方面精美的雕刻与灰塑等是必不

可少的。门窗漏花采用镂空精雕、榫接而成，不仅工艺精细，而且通过骨格的精心布局，构成拼字、几何形等图案花饰。在木穿斗构架中的梁架、插斗、重柱、月梁等建筑部位精美的雕饰集圆雕、浮雕、透雕于一体。精巧的石刻柱础、台阶、门框、柱栏也随处可见。

其实，三坊七巷建筑里的福文化元素处处彰显，首先是插屏中多见五福捧寿构图。四个角的各一只蝙蝠朝中间的"福"字飞来，"福"字又往往弯曲回环，笔画夸张变形，体现出长寿的意蕴。福

◎ 三坊七巷建筑中的福文化元素

◎ 师门造型

◎ 太阳门门楣中的福文化元素

◎ 牌头多用福文化元素雕饰

文化的多元组合，又衍生出新的人文主题。建筑的墙头是灰塑的重点，正对厅堂的天井三面墙头溜边题材特别讲究，多是福寿、瑞兽、螭龙、松鹤、灵芝、蝙蝠、寿桃、如意、宝鼎等等祥瑞元素，充满浓浓的福意。

不同"进"之间用石条做框，俗称师门，石门框上通常做灰塑，题材除了传统的亭台楼阁、麒麟、祥云外，常常有太师少师形象，

◎ 塔巷王麒故居师门

母狮子带着幼狮嬉戏绣球。太师少师是古代官名，装饰入墙，隐含着主人仕途顺畅的诉求。

3. 土楼藏福

福建土楼集防卫体系与居住空间于一体，以石为基，就地取材，以生土为主要原料，配以石灰、米汤、砂石等分层交错夯筑，再加上竹木作墙骨牵拉，极为牢固坚实，亦富福建地域特色。土楼作为建筑，也是传统文化衍传的载体，传统文化的向心性也通过土楼表现无遗，比如福建省内土楼建筑中单体面积最大的二宜楼，就取"宜山宜水、宜家宜室"之意，福文化色彩浓烈。

在二宜楼，建筑装饰中处处彰显福文化元素，传统的入孝出悌、诗礼传家思想通过大量的壁画与彩绘淋漓地展现出来。梁架彩绘间有大量的"福""禄""寿"字或图案等，如祖堂外环一层左侧梁架大通堵头上的"福"字、"寿"字，二通堵头上的"福"字等。二单元墙饰中多福禄寿喜的几何图案。三单元外环三层隔断墙上有太师少师壁画。祖堂祖厅后下金柱阑额枋心藻心中间的《九世同居》画，画面以老者为中心，衣着华丽的子女纷纷来贺寿，场面喜庆祥和。

二宜楼临摹名流的壁画，两侧是楹联，呈现中堂布局。壁画内容与居室功能协调，比如书房多花鸟山水题材，题联也富闲情逸致。

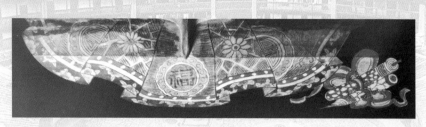

◎ 祖堂外环一层梁架大通堵头

◎ 墙面装饰"禄"字

◎ 福安堡正门

卧室有观音送子图，楹联也如"志于道观音自在，思无邪送子如来"等祈福内容。待客之处有"客至无不动，礼岂能失乎"，似是教诲子孙谨守传统礼制。画联一体，满堂吉庆。有直接表达对福向往的，如"道

德神仙增荣益寿,福禄欢喜长乐永康"。题联多因景而作,因情而生,用现在的话来说是富于原创性,也反映了主人家深厚的文化素养与宏大的志向,如"宜家宜室一堂和气垂慈翼,有福有奂大厦更新振鸿猷""一帘花影云垂地,半夜书声月在天"。

三明大田、永安等地的土堡也是居住和防御的组合,但还是与土楼有别。相同的是,土堡中不少建筑名称带有"福"字,且有藏头门联,如福临堡有"福善后知天泽渥,临门还见日精华",福安堡有"福垒祥瑞嘉子弟,安居聊当小金汤"。人们求福的心理诉求,不论地域,不论时代,总是一致的,这就是文化的认同与力量。

4. 廊桥造福

福建素有"八山一水一分田"之称,境内山高林密,溪流纵横,外出极为不便,先民便发挥聪明才智,建造了诸多造型各异、材质有别的桥梁,廊桥便是其中之一。

现存于闽东、闽北、闽西山区的各类廊桥,虽历经岁月刻痕而

◎ 屏南万安桥

◎ 福安真武桥

悠然不噪，依旧静静地见证着过往。廊桥的主要功能是通行，福建的气候特征是雨水多、日照强，在桥上加盖廊屋，可以防风防雨，既保护桥身，又可供行人落脚歇息，所以称其"风雨桥"形象贴切。廊桥还提供了公共活动空间，如农村集市，便利百姓。廊桥又称屋桥，意思是在桥面上盖建长廊或屋、亭、阁，因而极富观瞻性。福建廊桥有平梁木廊桥、八字撑木廊桥、木拱廊桥和石拱廊桥等多种造型，不论什么风格的建筑，都多设有神龛，祭祀观音、关公、文昌君、真武大帝、临水娘娘等神祇。即便桥的名称，也多吉祥之意，如屏南的万安桥、百祥桥、广福桥，松溪的五福桥等。

廊桥造福百姓的初衷与文化传承令后世肃然起敬。如清咸丰二

◎ 松溪五福桥

年（1852）百祥桥重修时，主持人张永衢等 16 人集资立契购买了一片山坡（当地称为"桥山"）栽植林木，作为今后维修之用度。昔日修桥人早已作古，而今杉木林蓊郁葱茏，造福大众。中华优秀传统文化正是在这种看上去不起眼的义举中繁衍不息。

五福桥位于松溪县渭田镇溪流上。据载，此桥始建于明永乐九年（1411），正统十二年（1447）重建，清咸丰八年（1858）毁于兵火，光绪二十九年（1903）再建。桥身呈南北走向，为五孔木伸臂梁廊屋桥。桥面长 108.8 米，宽 5.6 米，桥孔跨径 13.4 米，溪中有桥墩 4 个，桥墩为船形凤首，条石错缝砌筑，桥墩矢高 5 米。桥拱采用圆木作纵横井式结构，相间迭起伸臂三层，逐层向河心挑出，上部架设简支木梁 10 根，桥面南部由石条及"人"字形长条砖铺设，北部由石条及河卵石铺设，桥两侧檐下施三层挡板。廊屋面阔 35 间，进深 4 柱，用柱 144 根，抬梁结构，歇山顶。桥正中段抬高做桥亭，重檐歇山顶，内置八角藻井。五福桥是闽北现存最长的木伸臂梁廊屋桥，也是松溪县唯一一座清代木伸臂梁廊桥。

5. 最喜"龙凤福"

龙凤构图的"福"字在福建非常多见，一般是雕刻一龙一凤，左凤右龙，凤展翅垂尾而飞升，龙扬首旋身正腾起，四目顾盼，比翼齐飞，灵犀相通，龙首凤尾相接，腾龙翔凤合为一体，活灵活现。有的用阴线作勾云纹作衬底，组成了灵动传神的一笔草书"福"字。如建瓯市徐墩镇伍氏山庄"龙凤福"字，大田县芳联堡窗花"龙凤福"字，福州市洪塘状元街翁正春故居木雕"龙凤福"字等。

明清时福建民居建筑中的石窗图案多有以龙凤组合的"福"字题材。福建连城培田古民居建筑群中的一幅"龙凤福"字石窗，左凤右龙，形象生动，龙凤相依相偎，表示男女同福同寿、家庭和睦等。福建建阳书坊村古民宅屋顶"龙凤福"，似一对情侣在热情拥吻，极为浪漫传神。有些木雕窗格"龙凤福"字笔画中还刻有梅花，显然有梅开五福的用意，辅以缠枝花卉，非常养眼。在中国传统的吉祥图案中，龙凤象征结合，凡是龙凤构图，皆一派祥和的气氛，难

◎ 清代木雕福

◎ 建瓯市徐墩镇伍氏山庄龙凤福

◎ 厦门海沧祥露别墅泥塑"福"字

◎ 连城县莒溪镇墩坑村民居龙凤福

◎ 霞浦县下浒镇三洲王氏古民居墙上的龙凤福

◎ 福安市甘棠镇古民居墙上的龙凤福

怪我们常说龙凤呈祥。

在有些地方，"龙凤福"常出现在新人婚房用的窗格装饰中，圆形构图，寓意含蓄，望子成龙，望女成凤，龙男凤女，幸福美好，显然是为了满足主人特定家居环境装饰的需要。福建建筑中的龙造型，多螭龙形象，几乎为福建所独有，而且在福建极为普遍，如闽西的连城县莒溪镇墩坑村墙雕，清流县赖坊镇赖氏祖庙的窗雕，龙岩市新罗区适中镇中心村谢姓民居振依楼的户对，闽中沙县区夏茂镇文昌宫墙面"福"字雕，闽南漳州古雷港区杜浔镇正阳宫狮虎窗上的"福"字和正阳村石刻"福"字，厦门海沧区清末年间建造的祥露别墅有泥雕螭龙"福"字构图等。闽北建阳古刻坊上也多见螭龙福。

螭龙，龙九子之一，在长期的历史演变中被赋予水精的内涵，所以往往被置于屋顶，用以满足防止火灾的心理需求。而百姓钟情螭龙，显然除了居家防火的美好诉求外，还有招财等寓意。

第二章　福图里的祥瑞气息

福安市甘棠镇一古民居墙上有一雕于清末的灰塑"龙凤福"，写意夸张，活灵活现，龙凤和谐地融为一体。灰雕以经过特别处理的石灰为主料，用批刀直接雕贴于墙上或檐下，干结后形成的各种图案、山水、人物画面，具有浮雕的艺术效果。灰塑用料简、操作易、耐久存，所以常见于庙宇楼堂装饰中。

霞浦县下浒镇三洲王氏古民居群中的一面照壁上，有民国时期的一幅"龙凤福"字灰塑。左凤右龙，呈团抱状，外收圆边。凤身龙身均由如意云纹组成，张扬与内敛颇为巧妙地集于一体。三洲古民居为霞浦县保存最好的清末民国建筑群，每座房子后井墙壁（照壁）上均有灰塑雕，题材大都为"福寿禄"内容，辟邪祈福的用意明显。

中国传统的木雕窗花有长方形、正方形、圆形、半圆形、方中套圆形、圆中套方形，图案有文字、花草、飞禽走兽、几何图案等表现形式，但不论哪种形状、哪种图案，都寄托着主人美好的期盼。

6. 还有多少未知的"福"

不管是什么建筑风格，追求福的心理是一致的，而且表现出的想象力，令人击节叹赏。比如，有人将福字的偏旁"礻"变形为狗头，叫"狗头福"，因"狗""钩"谐音，寓意将福钩到家里来。

尤溪县梅仙镇大福圳嘉庆年间的建筑延陵堂外的一个"福"字，是福建地区稀见的"鹿鹤福"（多在徽派建筑中出现），蕴含福禄寿喜财多重意义。这个"福"字结构奇特，左边"示"字的上部为梅花鹿的头，下方连着一只展翅的蝙蝠，鹿谐音"禄"，表示俸禄、爵位，蝙蝠的"蝠"谐音"福"，蝠鹿寓意福禄绵长。右边"畐"字上部画了一只仙鹤的头颈，鹤是长寿的象征，藏着寿意。鹿是走兽，鹤是飞禽，鹿鹤相逢，就代表着天地喜相逢，喻指喜气；"田"字，代表着田产、土地财富等多层含义，体现了一个"财"字。福禄寿喜财齐备，古人用意多巧妙啊！

建筑中"福"字往往图案化，就像上述用鹿头和鹤首等吉祥纹样组合而成的"福"字图案，极富情趣，极富遐想，可以做出诸多解读，如"福自田边起，寿从地上升，有了爵禄，不忘农耕"，亦富有教

◎ 尤溪县梅仙镇大福圳延陵堂外墙上的"福"字　◎ 九喜福

育意义，如鹿（禄）望田，禄代表官，田代表百姓，百姓为本，为官如果忘本，则福去；只有时刻不忘百姓，才能造福一方。如此解读，不论妄生穿凿也好，断章取义也罢，都反映了世人对幸福生活的渴求。

　　还有一些鸟虫构图的"福"字，就比较稀见了，但很有观瞻与研究价值。始建于明永乐二十二年（1424）的泉州龟峰岩建筑群武庙石刻，有一非常珍贵的九喜祝福"福"字浮雕石刻。石刻由9只灵异飞动、神态各异的喜鹊组成圆形"福"字，四角为四季花卉，构成一年四季皆富贵的吉祥意象，是非常独特的鸟形"福"字。喜鹊从天而降，也有福从天降、喜从天降的美好寓意。浮雕整体构图灵动，最上方的两只呈对视状，寓意"喜相逢"。该雕刻刀法细腻传神，9只喜鹊神态各异，有侧立者，有倒立者，有回头观望者，动感十足而又和谐地统一于一体，体现了闽南石雕的高超技艺与魅力。传统上，喜鹊是吉祥的象征，"喜"是福文化的重要内容。中国自古有"画喜兆吉"的习俗，所以喜鹊也是画家钟情的题材，如喜鹊登梅、喜上眉梢等。

　　周宁县咸村镇洋中村古民居大厅迎客墙正中央有一"福"字，极为新奇，远望似花团锦簇，近观实则是由大小、姿态各不相同的五只蝙蝠融合而成，寓意着五福临门。两边镌有对联"鸾凤清音谐乎律吕，鼎彝古色灿若云霞"，横批"座满春风"。周宁毗邻浙江，洋中村古民居建筑多仿江浙风格，因此福文化的表现手法也与福建地区主流差异很大。

　　清流县赖坊镇赖武村的攸叙宅一屋顶之上有灰塑"福"字雕，

第二章　福图里的祥瑞气息

◎ 周宁县咸村镇洋中村古民居中的"福"字

◎ 清流县赖坊镇赖武村攸叙宅屋顶"福"字

外围以"门"字形灰砖包裹。将"福"字置于屋顶并不多见，据说寓意为"天官赐福"。古人认为赐福是"天"的权利，人要思想和品行端正，做一个有责任、有担当、有爱心的人，向上天剖白心迹，让上天看到，福气才会降临。如此说来，是很有教育意义的。

　　建于清乾隆年间的光泽县崇仁乡洋塘村黄氏宗祠具有浓郁的闽北建筑风格，正门雕饰华美，经岁月磨蚀更显露出沧桑之感。大门正上方的"福禄寿"三字各具特征，"福"字是典型的"龙凤福"构图而又尽量体现出福的字意；"禄"字索性用一只躬身的鹿来代替；"寿"字采用篆体，展现长寿之意，充分体现了祖辈对家族未来美

◎ 光泽县崇仁乡洋塘村黄氏宗祠大门

好生活的期盼和祝愿。

屏风是传统建筑与居家分割不可或缺的一部分，在中国历史久远而文化意蕴深厚。割与不割之间，断与非断当中，营造了一种空间功用之美。屏风既凝聚了古人制作技艺的智慧，又是祈福纳祥的重要载体。莆田涵江遗存有蔡氏的龙凤呈祥祈福屏，该屏风制作于1910 年，高 7.5 米，宽 12.5 米，厚 0.25 米，重达 6 吨，采用透雕、镂雕、浮雕等多种工艺，雕饰内容更是大气，龙凤喜庆呈祥，雄狮威风凛凛，麒麟宝相庄严，八仙过海、妈祖巡游等栩栩如生。

三、蝙蝠寓福

千百年来，人们祈求平安、富贵、吉祥、幸福的心理渗透在日常行为的方方面面，表现在语言上就是通过借喻、象征、谐音、联想、会意等意念方法，达到言此意彼的效果。这既反映了民众质朴的愿望与希冀，也富有意趣，如蝙蝠寓福、葫芦蔓带谐音福禄万代等。谐音作为中华民族特有的一种语言现象，存在于各种传统文化之中，尤其在民俗文化与艺术表现中，更是随处可以看见。

凡以福为主题的动物图案，首选非蝙蝠莫属。蝙蝠形象虽丑陋和阴暗，遭人厌弃，但因"福"与"蝠"谐音，反而成为国人崇尚福最为重要的象征和史上最受欢迎的吉祥物之一。传统吉祥图案中的蝙蝠式样，洋洋大观，无奇不有，但概括起来不外翅展祥云、卷曲自如、玲珑矫捷、和气可亲。人们对蝙蝠喜爱与追捧的表现，几乎穷尽了所有的载体，如雕刻、建筑、针织品、饰品、钱币等，而每一种载体都几乎做到极致，如雕刻就体现在玉雕、象牙雕、犀角雕、木雕、砖雕、石雕等几乎所有的介质上。而随着工艺的进步，蝙蝠形象的展示更加灵动，比如象牙雕工艺历经秦汉唐宋辽金元明，到了清代更达到鼎盛，象牙雕技法完备，手法多样，圆雕、浮雕、镂雕不拘一格，因此出现很多经典的吉祥图案，如五福捧寿、五福临门、福寿双全、百福骈臻、福如东海、洪福齐天、福从天降、福在眼前等等，至今为人喜爱，也是许多工艺美术爱好者研习临摹的参照。

1. 建筑中的蝙蝠造型

在传统的建筑装饰中，人物、走兽、花鸟虫鱼、民间故事、吉祥语等被大量使用，变形移情，其中的蝙蝠形象最为突出。蝙蝠的生活习性是栖息时倒悬而睡，象征"福到"。蝙蝠飞入家宅，更是福运莅临的好征兆。蝙蝠寓福，蝙蝠简直被人们当成了可以带来幸福的天使，福气、长寿、吉祥的象征。在蝙蝠吉祥图的创造方面，国人发挥到了无以复加的地步。如传统的吉祥图《福至心灵》，图案为蝙蝠、寿桃、灵芝——蝙蝠寓福，寿桃象征长寿，形状似心，加上灵芝的"灵"字，构成吉祥语"福至心灵"，表示幸福到来会使人变得更加灵动聪明。清中期出现大量表现"福至心灵"题材的玉雕，一般构图为蝙蝠抱灵芝，活灵活现。福州地区建筑、门饰、工艺品上常见以蝙蝠为原型的图案，如福州三坊七巷的师门石雕，寓意福临门。

连城匾额博物馆收藏有一件清代"福至心灵"窗棂，主体用两条升龙勾勒出一个"福"字，"心"字构图是用四条鲤鱼、两只喜鹊与三只蝙蝠将"灵"字衔来，下方还有松鼠、丝瓜等，寓意年年有余，瓜瓞绵延，整幅作品构图奇巧，充满喜庆。

木雕艺术具有悠久的历史和强烈的民族色彩，起源很早，成熟也早，所以历朝历代都留下了一些代表性的作品。唐宋时期的木雕工艺就很完美了，明清时期木雕作品题材包罗万象，与福文化题材相关的多为五福捧寿、五福临门、福寿双全、福从天降、福在眼前等，深受不同时代人们的欢迎。

观赏性木雕多陈列于橱窗、台几、案架之上，供人欣赏。实用性木雕则多出现在建筑和家具装饰中，这些建筑、家具上的木雕构件通常称为木雕花板，古民居建筑的屋檐、门楣、门柱、雀替、梁架、椽头、枋头、花窗、隔扇、屏风、家具上是少不了的，其品种

◎ "福至心灵"窗棂

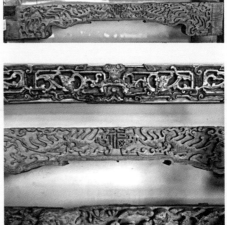

◎ 惠安县孔庙木雕

第二章　福图里的祥瑞气息

◎ 木雕中的蝙蝠形象

繁多、形式各样、大小不一，美不胜收。有人说，木雕花板是民居建筑中传神的"眼睛"，是凝固的艺术中最美妙华丽的音符。驻足品鉴，仿佛人与建筑跨越时空在无障碍地交流。

木雕中表现福从天降时，往往采用蝙蝠凌空展翅之状，周边祥云缭绕，十分祥和。蝙蝠作为传统的吉祥物，深植人心，历久不衰。过去人家见到屋檐下聚集的蝙蝠，认为是接福驱邪的好兆头，人们相信蝙蝠会带来福气，因而不会去打扰蝙蝠栖息。在各地村落的古老建筑如村屋、祠堂及庙宇都有善待蝙蝠的设计空间，欢迎蝙蝠栖身其中。蝙蝠在中国早就飞入寻常百姓的心中，其变化多端的造型，大量出现在日常生活中，人们心中的祈求与愿望通过蝙蝠造型淋漓尽致地表露出来。

2. 玉雕中的蝙蝠形象

中国有崇玉的传统，玉被赋予人之品格高洁的象征，更代表着家庭幸福美满。玉雕技艺讲究"玉必有工，工必有意，意必吉祥"，所以史上留下来的玉雕作品，不少雕刻有蝙蝠等祥云图案，意为福气绵延无边；有的直接刻"福"字或"寿"字或其他吉祥语，或福禄寿图案。

宁德市博物馆现存的玉雕中有不少造型各异的福文化题材的作品。比如，玉雕双蝠花片，玉片扁圆，玉色青白，直径7.2厘米，厚度0.6厘米，双面镂空雕，中间是两只对视的蝙蝠，其外是一个圆环，环上饰弦纹。再如，福在眼前花片，如一个元宝形状，下方镂空雕

◎ 玉雕双蝠花片

◎ 玉雕福在眼前花片

◎ 玉雕福寿花片

一只蝙蝠，口里衔着两枚铜钱，上方的两角各雕一个寿桃。也有呈方形的福寿花片，玉色白，温润细腻，长方形，长6厘米，宽4.8厘米，单面雕，中间镂空雕刻一"寿"字，两侧各雕一只蝙蝠，饰漩涡纹与阴刻线。

此外，蝙蝠形象还大量出现在砖雕、石雕、针织品、花钱、银饰等领域，载体虽然细小，但都雕琢精美，富有艺术与文化价值，丰富了人们的精神生活。老百姓以朴素而直白的表达方式，流露出对生命的关注，对美满生活的向往，对自身社会价值的追求。而在历史长河中，福文化始终贴近民众生活，因而有旺盛的生命力而流传广泛，经久不衰，并不断创新性发展。2002年福建省第12届运动会的吉祥物就是蝙蝠"福福"。"福福"憨实可爱、祥瑞满满，代表福建与福州，手持花束，内有茉莉、凤凰木、刺桐、月季、迎春

花、山茶、莲花、美人蕉、水仙等9种花，分别是9个设区市的市花。这些都是今人对吉祥物蝙蝠的创造性运用。

四、器物中的福

器物，原意尊彝之属，现今的范畴广多了。器物虽是物，但器物有道，承载着文化内涵与社会关系，即包含了使用目的与态度，由此折射出使用者的生活品位与文化修养。器物的背后有精神园地，不仅是物质化的见证，更是人类创造生活、创造历史的见证，甚至有人提出"器物精神"的概念，显然是有道理的，比如瓷器。

德化窑是著名的民窑，以生产白瓷而闻名，从宋代开始，德化瓷就大量外销。从德化瓷器的造型来看，德化瓷器在瓷塑人像方面形象生动，器物线条流畅，其中又以佛像人物最有名，例如观音、罗汉、达摩等。德化瓷器的釉色多为白色，釉质细腻、凝脂似玉。德化的建白瓷工艺，明代中期已臻成熟，嘉万年间最为鼎盛，并大量生产。何朝宗是当时的一代瓷塑名匠，被后人尊为"瓷圣"。

丰富多彩的德化窑器，有一些透射出浓浓的福文化意蕴。清代青花盘子，画面常有五蝠绕"寿"的图案。德化县博物馆藏有福禄寿底纹青花瓷盘，宁德市博物馆藏有德化窑青花"福"字盘，口径

◎ 德化窑产"福"字盘

达20厘米，敞口、浅腹、圈足，盘内底有"福"字。清代德化窑匠人时常在陶瓷上绘福禄寿人物画像。福星束冠居右，禄星加冠居中，寿星长须秃顶，服饰及手持之物各有特征，有青花，有五彩，多见于瓶腹。

另外，清代五彩花卉盘，翩翩穿飞于花团锦簇间的多为蝙蝠。有时将福元素与其他元素组合，如福与梅花等。德化窑较早出现梅花这一"福"元素的是明代的梅花杯，犀角形的杯身饰以开花的梅树，主要技法是堆贴（塑出纹饰贴在器物坯体上，然后罩釉烧制）。而同一时期的龙虎杯，杯身除了装饰龙虎外，也有梅松等点缀。堆贴梅花这一技法，在德化窑中得到很好的传承，清代和民国时更是大放异彩，范围从杯子扩大到罐、壶、盘等，内容也从单一的梅树加入了喜鹊、蝙蝠、蝴蝶等，技法更为繁复高超，意境更为高远。清代之后，梅花已成为德化窑彩瓷的重要绘画题材。

葫芦在古代不仅作为蔬菜食用，也是生活用品，还是文化传承的载体。葫芦在传统吉祥文化中具有特定意义，被认为是能给人们带来福禄的吉祥灵物，自古以来就是福禄吉祥的象征。葫芦是草本植物，葫芦谐音"福禄"，其藤蔓枝叶被称为"蔓带"，与"万代"谐音，故而葫芦蔓带谐音为"福禄万代"，寓长寿吉祥；加之葫芦本身是圆形状，造型凹凸有致，韵雅品高，不须人工雕琢就给人以喜气、祥和、圆满的美感；另外，葫芦枝蔓绵延，结果累累，籽粒繁多，加上"枝"与"子"、"蔓"与"万"谐音，葫芦又有了子孙万代的寓意，是人丁兴旺、后代绵延的象征。

◎东山县博物馆藏的明代德化窑三足洗，口径25厘米，高13.3厘米，圆唇、敞口、双耳、鼓腹、三狮足，胎地坚致，施青灰釉，色深沉，微冰裂开片，外壁有较大的"寿山福海"的字样

◎ 福禄寿三彩"福"字壶

至迟从唐代以来，葫芦就为民间所喜爱，遂成为传统器形。葫芦及以葫芦造型的瓶、壶、印章等器物在宋代以来多有出现。在德化窑系里，除了出水的宋代葫芦瓶外，后世葫芦形陶瓷酒壶、水盂、香插等产量不少。

清代玉雕中多出现葫芦造型，经典的如福禄万代坠，集圆雕、镂雕、阴刻、浮雕等技艺于一体。根据玉料形状雕琢成白玉大葫芦，在周遭镂雕高浮雕蒂梗、藤蔓、枝叶、花朵、小葫芦等作为装饰，巧用皮色浮雕雀鸟等振翅飞舞其间，动静结合，远观近玩，吉祥气氛扑面而来，令人赏心悦目，意趣盎然。

"壶"与"福"谐音，中国人爱壶、用壶、藏壶，也蕴含祈福、修福、祝福的意思，壶即是福，有壶就有福，惜壶象征着惜福，送壶就是送福，藏壶也就是藏福。壶虽小，但蕴含的福文化乾坤却很大。

传统上，石狮子是镇宅器物，人们认为狮子威猛，具有镇宅安家作用，也是权力与财富的象征，因而千百年来深受中国人喜爱。狮子须成双成对摆放，雄左雌右，遵循阴阳之道，很有文化讲究。雄狮脚踏绣球，有人解读为幸福尽在掌控中；雌狮子脚踩幼狮子，寓意子孙昌盛。福建民间多喜欢狮子，福建石狮子亦浸染了福建特色，如雌狮子手持彩练，寓意华堂焕彩。惠安县以石雕闻名，清初李周创作出"转头狮"，欢快、灵动，开一代新风，形成南派风格。福建台风多，为防止灾害，闽南建筑中多体现风狮爷信俗，并传衍至台湾。

◎ 石狮市永宁城隍庙转头狮雕

历史上一些民居中的石敢当就有狮头造型的。

松溪县博物馆藏有元青釉"福寿"扁腹瓷瓶。该瓷瓶浅灰胎、青绿釉、长方口、束短颈、垂肩、扁鼓腹，椭圆实足外撇，颈部模印蕉叶纹，腹部两面分别模印花菱形框，内有"福寿"铭，肩部两侧模印对称八卦环纹。

◎ 闽清县博物馆藏的漆彩捧盒，盖子上有草体"福"字，底纹饰以花草图案。漆彩捧盒用于盛装蜜饯、糖果等点心，是居家收纳佳器

◎ 松溪县博物馆藏福寿瓷瓶

◎ 民国银鎏金"福"字手镯

　　民国银鎏金"福"字手镯，通体银质地，外径 6.3 厘米，内径 6.3 厘米，高 1.7 厘米，重 24.6 克。手镯正中为一"福"字，环绕有梅花。福鼎民间有长辈给小孩送银手镯习俗，代表长辈对幼儿的祝福和关爱。据说，佩戴银饰品可以去"胎毒"，有辟邪作用。"福"字在民间多为祝福，在此为祝晚辈有"福气"之意。

第三章　文脉里的福文化精神

传统福文化在演化过程中与儒家主张不断融合，并吸收道家、释家等思想，不断丰硕饱满。历朝历代不少福建文人士子、方外之人在学术活动、文学艺术创作中都不同程度地阐释了自己的福文化观点，像前面提到的朱熹的德福观等，就很有代表性，而更多的福文化思想、观点散见于序文、诗文、书画、戏曲、匾额、墓志铭、行状等载体中而有待挖掘。

一、典籍中的福文化思想

1. 谢肇淛的福寿观

明清时期，为体现国泰民安，朝廷给平民百姓中的寿星授予一种称呼——"寿官"。既然是官，就有级别，也就相当于享受八九

◎ 寿序书影一

品官员待遇的一种荣誉。由于寿官称号只在恩诏颁布时才得以赐给，所以整个明朝仅授过 19 次，每次每县多在 4 人以下，故能够获赐的，亦殊可贵。

谢肇淛叔叔谢心田不求闻达，终生在乡野教书，潜心教化，一时乡风朴正，即便作奸者也收敛平息，于是郡县授予冠带。其叔七十寿诞，谢肇淛自然要献寿，在寿序中，谢肇淛对传统的"仁者寿"观点进行新的发挥，提出"长寿未必皆仁人也"的看法，他认为只要"恬淡无求，不以喜怒滑和，不以嗜欲伤生，不以骄奢淫逸损有限之福"，上天也会赐予你福寿啊！

寿序，顾名思义就是祝寿赠言，是明中叶兴起的一种文体。官宦、缙绅、富庶之家做寿时往往会请人写寿序，主要内容是叙述主人生平、功德政绩，祝颂寿主福如东海、寿比南山等等，虽有应酬之意，但也可展开议论，阐发自己的主张。寿序产生的直接原因，是明中叶以来江南商品经济勃兴，富户增多，炫耀性消费兴起，人们互相攀比的心理作祟。著名文人归有光、王世贞、陈继儒、李日华、黄宗羲等就创作了不少寿序，尤其是归有光，对寿序题材贡献甚巨。福建文化人中谢肇淛、崔世召等存有多篇寿序。

在寿序中，谢肇淛也反复申明"谦而不盈，冲而不溢，天福之矣"观点。谢肇淛平生交游广泛，见识广博，思想开明，在留下的不少寿序中虽不乏溢美之词，但也总能表达自己的福寿观点。在《林宗秀六十序》中明显能看出，谢肇淛秉承传统的德福观，认为福寿在于修德。林宗秀教子有方，诸子个个兰森玉立，"日夕训以德谊，课以铅椠，凛凛矩步惟谨，未尝以鲜衣怒马骄于枌榆也"。处世与物无忤，富而好礼等等，这是很难得的，如果富而不仁，大抵富不过三代的。纵览史上名门望族、富商大户家境败落，原因众多，富而忘德、纵贯子孙是其一。

在《刘太翁瀛海长春序》中，谢肇淛概括了当时流行的"身寿家寿国寿"观点，既是对寿主志向的赞赏（崔世召钦羡孙南洪以"寿国寿民者自为寿"，与谢肇淛有相似之处），也体现出其学养的深蕴

小草斋集

林宗秀六十序

四〇

◎ 寿序书影二

与高远宏阔的思想境界，难怪福清籍宰辅叶向高给予其序记铭诔以"雄深尔雅"的评价；福州知州喻政则更不惜笔墨，赞誉谢肇淛"学如上国武库，才如决黄河而注之东"。从著名学者、藏书家徐𤊹濡笔的谢肇淛行状看，谢肇淛是传统孝悌思想的守护者。其实，从谢肇淛留下的林林而群的作品看，他更是一个传统文化的创造者，于学无所不窥，在许多领域都有建树，可谓为后世造福之人。

寿序发展至清代，内容更加丰富，不乏感叹易代之悲者，甚至抒发情怀，格调明显有所提高。当然，最显著的发展，是寿序与居家充分融合，产生了寿屏等，尤其受到巨商富户的青睐。主人做寿时收到富丽堂皇的寿屏，顿时蓬荜生辉，客人趋奉不绝，是多有面子的一件事啊！清中期以来，寿屏制作愈加高大、奢华、工艺讲究，毕竟这彰显着主人的身份。至今，民间大量遗存有寿屏，在一些拍卖会上还能见到极富气势的寿屏。

2. 陈衍眼里的"攸好德"

陈衍是同光派诗人中的闽派首领，在同光体的形成和发展过程中起了相当重要的作用。其实，作为并世不多的文学家，陈衍跨界有点大，他在货币、商业贸易理论与商务实践等研究领域亦有建树；陈衍还著有《烹饪教科书》，概括了烹饪要旨、食材选择、烹制方法等知识，并详细介绍了 80 种各式菜谱。在诗文与学问之间，陈衍主张治词章当理经史，否则沦于肤浅，所以他在治学、处事中常常有独到见解。

他的福文化见解亦承袭传统的德福观，但有新解。陈衍在 1928 年福州茶商洪天赏七十双寿（夫妻同龄，共同祝寿）作序中，就对《尚书·洪范》中的五福论做了阐发，他认为除了"攸好德"个人能自主外，其他四者皆听天由命。攸好德，就是修德，怎么修德呢？陈衍赞同太史公的观点，即"君子富好行其德，人富而仁义附焉"。其实，陈衍的寿序为传统的德福观又提供了一个案例。

洪天赏世居金门，善经商，早期以航运为业，当预见到轮船日盛，帆船日替，即改营茶业。洪家商号所制作的茶叶注册"洪"字商标，茶庄为福胜春号等，遍布海内外，共有 40 余个分号。洪天赏自幼习武，由于家住台江尚书庙附近，洪天赏自小就崇拜爱国英雄陈文龙，常常济危扶困，打抱不平，因此深得后洲坞里一带的闽南乡亲和福州邻里的敬重。日俄战争后，日本从帝俄手中占领了旅大，并要求清廷割让。

◎ 洪字茶商标

面对耻辱，国人发出救亡图存的呐喊。一身侠义的洪天赏也义愤填膺，以茶为武器，通过茶盒包装，呼吁国人"协心同力，争回旅大"。

洪天赏热心公益事业，召集闽南籍商人建南郡会馆，至于助度岁、施茶水、刊刻图书等劝善则递数不能终，于是茶业经营得红红火火，其时有"刀牌烟仔洪字茶"美誉。

3. 林觉民"为天下人谋永福"

林觉民一生短暂，《与妻书》却亘古长存。

如果说谢肇淛、陈衍表达的福文化思想还因循传统的窠臼，基于个人修福齐家，那么林则徐、林觉民、严复则表现出为国家富强、为天下谋福，笔醒山河，赴汤蹈火的情怀与境界。

黄花岗烈士林觉民在《与妻书》中写道："吾自遇汝以来，常愿天下有情人都成眷属……吾充吾爱汝之心，助天下人爱其所爱，所以敢先汝而死，不顾汝也。汝体吾此心，于啼泣之余，亦以天下人为念，当亦乐牺牲吾身与汝身之福利，为天下人谋永福也。"

林觉民在留学日本时，中国学生经常相聚在一起议论国事，坚定了他中国救亡图存只能走革命之路的信念。每当国内起义失败的电讯传来，一些热血青年常常悲愤欲绝，有的甚至抱头痛哭。遇到这种场面，林觉民就忍不住慷慨激昂地发表自己的见解："中国危在

◎《与妻书》

旦夕，大丈夫当以死报国，哭泣有什么用？我们既然以革命者自许，就应当仗剑而起，同心协力解决根本问题。这样，危如累卵的局面或许还可以挽救。凡是有血气的人，谁能忍受亡国的惨痛！"

《与妻书》是一篇经典美文，此文被选在海峡两岸的教材中，后世多为革命者的铁骨柔情所感染，津津乐道于革命家的真切高尚的爱情故事，这不为过。而为天下谋永福的情怀才是一种大德，岂止激发青年人的报国热血与理想信念的忠贞，更凝结为中华民族生生不息的精神支柱。在新时代继承和弘扬中华优秀传统文化的背景下，当历览前贤之牺牲勇气，化作踔厉奋发之动力。

4.《重振福宁宫记》里的福文化思想

明代初期，推行里社祭祀制度，每里建立里社坛，以"春祈秋报"（至今一些地方还保留着这一习俗，以感恩自然，祈祷丰收）等方式教化百姓。但随着里甲制度的崩溃，各地推出了自己的祭祀制度。福建永泰的洑口这一地从实际出发，以九乡联盟方式形成了自己的祭祀习惯。清嘉庆七年（1802）的《重振福宁宫记》，出自知县之手，

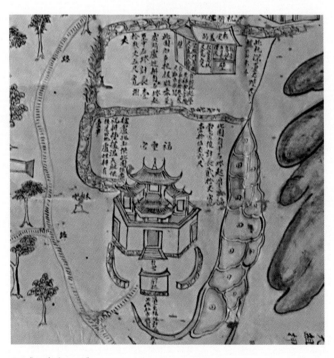

◎《福宁宫旧图》

◎《重振福宁宫记》碑

记载了福宁宫重修缘由，其中一些文字信息表达了一个地方官员务实的治理思想：

一是九乡共庆康宁，所以命名为"福宁宫"，这无疑是百姓的朴素追求与共同愿景。

二是知县希望"祷祀辐辏，其应如响，福庇斯民"，表达了一个地方长官的祝愿。每年的三月初九，洑口九乡轮流演戏，每次好几天，煞是热闹。

三是知县叹曰："有地之灵，斯有神之灵，而人之杰亦于是乎始。"实际上就是说有人之杰，方有神之杰。人杰才地灵，一地经济社会发展要依靠人，人是主体，福终究还是要自己创造。从中亦见县令之开明与认知的深刻。

5. 从《四留铭》看家风家训中的福文化

距霞浦县城不远的赤岸村，历史上名人辈出、文风鼎盛。现如今，赤岸村以楹联形式把乡贤王伯大的《四留铭》挂在大门上，以此教诲后人正直做人、清廉做事。

王伯大是北宋时人，在朝廷任职三十余年后辞官回乡。他静心总结自己前半生做人、做事、做官的心得体会，写就《四留铭》，即："留有余，不尽之巧以还造化；留有余，不尽之禄以还朝廷；留有余，不尽之财以还百姓；留有余，不尽之福以还子孙。"

铭，本义是刻在器物上的文字，后来衍化为警戒性的文字或座右铭，如著名的刘禹锡《陋室铭》、张载《西铭》等，所展示的价值观对后世影响很大。

王伯大还在赤岸村建造了留耕堂，时刻提醒其子孙后代为人处世要"留余"。王伯大认为人不可穷尽一切利益归己所有，要保持人与社会、自然关系的和谐，谋正当利，适可而止。"留余"这一颇具哲学智慧的思想，不仅成为王伯大的子孙修身齐家的行为规范，还成为霞浦王家世代传承的家风家训。

家训，实际上就是治理家的规则，所谓"家有家规"也。家训是传统社会治理不可或缺的一部分，与宗祠等可谓中国文化的一个

◎《留余》匾

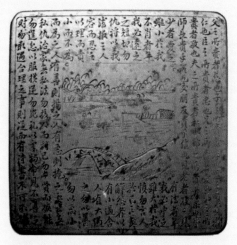

◎ 朱熹家训刻铜墨盒

奇观与国粹。家训内容不一，但主旨大致不离承家报国、襟怀天下、尊祖睦族、力学如稿、修德体仁、勤俭济人、应事谨慎等，其根源是传统的儒家思想。

家风家训是中华优秀传统文化的重要组成部分，是中华民族世代相传的精神瑰宝，如今还是涵养社会主义核心价值观的重要源泉，具有不可或缺的现实意义。有人说，"家风正，则民风淳；家风正，则政风清；家风正，则党风端"，是很有道理的。

永泰中埔寨林氏家训说得明白："家法能整齐，自然天赐福。"福州郭柏荫为官清廉，颇有政声，家训曰："要使子弟知货力艰难，不敢存暴殄之心，所以养其福基者甚大。"郭氏乃福州望族，其家族留下的大量家训富有哲理，值得细细品鉴。

还有些家训对传统的福文化思想正本清源，或做出新的解读，读后很受启发，如晋江《青阳科甲肇基庄氏族谱》就对常用语"积善之家，必有余庆"诠释为"庆，非福利之谓也"，实则是父慈子孝、兄友弟恭，也就是人际秩序的和谐，才能保证家族的顺利繁衍。家风家训，实乃为子孙造福的规范。

王伯大的"留余"思想，对后世齐家处世影响深远。河南省巩义市康百万庄园的先祖将王伯大的《四留铭》做成匾额，高挂在庄园的大堂上，以此来召训和教育家族后人。江苏省苏州市潘氏家族、吴江区同里镇王氏家族、广东省梅州市梅城张氏家族也都奉留余、留耕思想为族训。籍在福州市盖山镇齐安村的齐彭是乾隆年间进士，为官时以廉洁著称，留有家训，承继了王伯大的《四留铭》精华，"留有余，不尽之财以还造化；留有余，不尽之福以待子孙"。齐氏家风纯正，子弟品格优异。齐彭子齐鲲嘉庆十三年（1808）以翰林院编修身份充册封琉球国正使，出使琉球时齐鲲一改之前规矩，坚持多带书画等文化人士，少带兵丁，不带私活以贸易。在琉球国期间，齐鲲目睹该国地瘠物贫、民生艰辛，不忍给琉球增加负担，遂提前一个月返国。

6. 从曾庭龙"十福"说起

明末福州人曾庭龙生平以宋明理学自励，其《警己篇》中有"十福""十思""十快"之论，很有哲思性，比如"十福"曰："性喜读书是一清福，心淡名利是一清福，性气宽缓是一清福，居临山水是一清福，饮食有节是一清福，身便布素是一清福，口绝雌黄是一清福，心常欢喜是一清福，交无杂宾是一清福，夜能熟睡是一清福。"

曾庭龙的"十福"论道出了福文化的广泛性。在传统的农业社会，生产力水平低下，人们衣食住行等基本之需常常难以满足，因此对丰收的渴望和丰收后喜悦的淳朴表达是福文化早期的表现形式。五谷丰登、六畜兴旺自然就是福，毕竟民以食为天。古代中国旱涝灾害、外寇入侵几近常态，百姓对和平安定的生活状态无比渴求，因此，无兵凶旱涝之灾、国泰民安就是福。中国传统上重视家族兴盛、人丁兴旺、生命繁衍，因此多子多孙也是福。同理，长寿是福，平安

◎ 罗源县飞竹牌匾

是福，无病无痛是福，家庭和睦是福，社稷永固是福……人们推崇福的心理根须深深扎在现实生活的犄角旮旯。《史记·范雎蔡泽列传》载，秦相蔡泽说："主圣臣贤，天下之盛福也；君明臣直，国之福也；父慈子孝，夫信妻贞，家之福也。"就是说，君主圣明，臣子贤能，这是天下的大福；国君明智，臣子正直，这是一国的福气；父亲慈爱，儿子孝顺，丈夫诚实，妻子忠贞，这是一个家庭的福分。这一思想后世不论帝王治国还是百姓理家都奉为圭臬。

明清时期甚至推出论福格言，如清代金缨《格言联璧》、石成金《天基福谱》等。"有功夫读书，谓之福；有力量济人，谓之福；有著述行世，谓之福；有聪明浑厚之见，谓之福；无是非到耳，谓之福；无疾病缠身，谓之福；无尘俗撄心，谓之福；无兵凶荒歉之岁，谓之福。"煌煌大观，直白而朴素。每个人都可感受福，每个人也都有感受福的能力，以今天的眼光来看，呼吸到新鲜的空气，吃到安全有保障的食物，居住地环境幽静、邻里和谐，升职加薪等等，无不属于福的范畴。当年，陈衍在福州主编《福建通志》时，林纾寓居京城，两人谈诗论画时常唱和，林纾有《自都门寄余福州》诗，说北方正沙尘肆虐，尘土寻丈，公园里吵吵嚷嚷，语声刺耳，头都大了，真是羡慕、嫉妒陈衍在福州享福啊！

各人因文化知识、人生履历、价值观等等差异，尽可对福文化做出不同的理解，"福"字在国人心目中的魅力无可取代，乃至于对福的追求是人生的最终归宿与社会治理的最高境界。山清水秀、气候宜人、物产富饶之地谓之"福地"；享用了一桌珍馐美馔谓之"口福"；饱览了山峦嶙峋、小溪恬美、林木蓊郁、大漠孤烟的美景谓之"眼福"；长得一脸富态谓之"福相"；有贵人相助谓之"福分"；好消息传来谓之"福音"；运气好、常打胜仗者谓之"福将"；全家和美圆满叫"全家福"；等等。在节日为亲朋好友送上美好祝愿称为"祝福"，祝贺他人取得佳绩，对方常常回敬一句"托你的福"。近年有脱贫致富奔小康者由衷地发出"托党的福、托政策的福、托中国特色社会主义的福"的赞叹。

7. 从龚颖《正己箴》看"福"的思辨性

宋初邵武人龚颖《正己箴》云："福虽有倚，俟我而起；祸虽有始，我在所履。"就是福迎着我而来，祸被我踩在脚下。怎么做到呢？正己，修行，关键是日常行为举止等遵循"天道物理"，直白点说，就是符合自然规律和社会规律。

黄榦也说过，"持心正大，处己方严，是非可否，一切付之公论，而祸福利害，举不能动吾之心。"

龚颖、黄榦的福文化观点中提出的"福祸"论断，其实是福文化的一项重要内容。当然，福祸之论，要从老子说起。《道德经》言："有无相生，难易相成，长短相形，高下相倾，音声相和，前后相随。"意思是说，事物都有其对立面，如果一味盯着"有"的一面而不顾"无"的存在，没有意识到"有无"之间的相生关系，那么肯定会栽跟头而寸步难行的。至于崇福心理的辩证思维，《道德经》里有一句经典之言："祸兮福之所倚，福兮祸之所伏。"此语一出，震烁千古，至今世人皆晓祸福相倚的道理，时常与"塞翁失马，焉知非福"等名言一起被人提及。

与福相对的是祸。"祸，害也。神不福也。"祸是灾害，神灵也不保佑。在古人心中，祸是触怒神灵得到的报应，是违背苍天与祖先意志所造成的灾难，是"人祸"而不是"天灾"。

老子的祸福相倚思想，后世不断给予经典的解读。《韩非子·解老》就是解读《老子》思想的专门著述，其中对福祸的辨析至为严谨与精细。如韩非子提出"福本于有祸"，他是怎么推论的呢？"人有祸，则心畏恐；心畏恐，则行端直；行端直，则思虑熟；思虑熟，则得事理。行端直，则无祸害；无祸害，则尽天年。得事理，则必成功。尽天年，则全而寿。必成功，则富与贵。全寿富贵之谓福。"真是丝丝入扣，滴水不漏，读来饶有趣味。

同样，"祸本生于有福"。就是说，尽管福祸相对，但福祸亦互为因果，互相转化，因此福祸命题历朝历代仍不断孜孜探求，如"祸福无门，唯人所召"，就是说祸福都是人的行为造成的。祸生于贪欲，

福生于自守，等等。显然，趋福避祸，无论对国家还是对个人都是一个重要命题，那么怎么做到呢？

《汉书·枚乘传》记载，枚乘上书皇帝说："福生有基，祸生有胎；纳其基，绝其胎，祸自何来？"这无异于釜底抽薪，只要断绝祸根，自然无从有祸，无祸就是有福。怎么远祸呢？"人为善，福虽未至，祸已远离；人为恶，祸虽未至，福已远离。"强调人们要心存善念，身做善事，修身养性，清廉自俭，福气自来。

南朝梁人周兴嗣《千字文》说的"祸因恶积，福缘善庆"，影响就更广了，意思是灾祸是作恶多端的结果，福庆是乐善好施的回报。再如，晋代葛洪《抱朴子·知止》说："祸莫大于无足，福莫厚乎知止。"意思很直白，贪得无厌是最大的祸，适可而止是最大的福。福文化的思辨特性从意识形态领域到日常行为，处处彰显。

唐代药王孙思邈有《福寿论》，说的也是福祸的辩证关系，他开的福寿药方就是行仁义、积阴德，可谓人人适用。

郑板桥有诗道："得福常廉祸自轻，坦然无愧亦无惊。平生秘诀今相付，只向君心可处行。"他对福祸关系的剖析不啻承袭了传统思想，对福文化的理解也达到一个无我的境界。在世事纷繁中，一颗心的从容淡定往往能折射出一个人的深度。他有一句至理名言"吃亏是福"，至今穿越时空，为一些智者在浮躁喧嚣的尘世所坚守。"吃亏是福"为什么是超越时代的大智慧，郑板桥解释道："损于己则益于彼。外得人情之平，内得我心之安。既平且安，福即在是矣。"寥寥数语，简洁明了，不知对蝇营狗苟、唯利是图者是否以棒喝？反正一生颠沛的陆游早已感悟到"失马真成福，移山未必愚"。

明末金门人卢若腾有诗曰："人于天地间，号为万物灵。祸福所倚伏，贵在睹未形。"人为万物之灵，是防祸于未然的主体因素，但人们往往忽视它的重要性。

若说超然福祸之外，非林则徐莫属了。道光二十一年（1841）七月，林则徐遣戍伊犁，此时名臣王鼎正在河南督治黄河。他深知林则徐治水有道，遂上疏皇帝，让林则徐襄助，意在保全林则徐。

决口合龙后，王鼎开宴，林则徐首座。忽然圣旨到，黄河合龙后，林则徐仍往伊犁。王鼎大为惊讶，林则徐却泰然自若，宠辱不惊。次日，两个人执手泣别，林则徐留下诗句"塞马未堪论得失，相公且莫涕滂沱"。

史上咏史诗无数，江山兴亡、人事代谢，留下太多的往事让人发思古幽情，叹世态炎凉。福祸之论，自然是咏史主题之一，阐发最深刻的恐怕是白居易了。"书中见往事，历历知福祸""吉凶祸福有来由，但要深知不要忧""去者逍遥来者死，乃知祸福非天为"等等，很有见地，很有洞察。

蔡襄知福州时，曾登大庙山钓龙台，有诗曰："乾坤终苍茫，物理有否泰。"大意是，春去秋来，阴晴圆缺，天地始终辽阔，自然变化也是福祸相依，英雄失悲不必枉叹，人事有代谢，终究会否极泰来。

可见，福祸之论，其实深谙着高深的哲思，始终具有现实价值，不论是对社会治理，还是人生沉浮。

8. 厚德方可载福

福文化富含哲理，但并不玄奥抽象，而是切切实实在我们身边，具体而实在。古人已经总结得很好了，即知福，惜福，享福，修福，更要造福。清代石成金即有《知福享福说》智慧美文，时人誉为"度世金针"。其要旨首先是知福，而现实生活中太多的现象是身在福中不知福，美好时光，因循虚度，甚是可惜。如白居易所言："逢春不游乐，但恐是痴人。"不知福，同样与傻瓜无异。古人多认为，不知福的根源是不知足。如何知足，古人总结道："思量饥寒苦，饱暖就是福。思量病痛苦，康健就是福。思量灾难苦，安乐就是福。"凡一切幸福之事，均过后方知，躺在病床上而后知健康之可贵，失业而后知职位之可贵，身陷囹圄方知洁身自好、遵守规章之可贵，除了徒增悔恨外，于事何补，何不珍惜现在？因此珍惜当下是体悟福运的一个重要命题。

《道德经》中有"知足常乐"论，石成金归纳出《知足享福法》："凡遇有不得意之事，试取其更甚者比之，心地自然清爽，此降火最速

第三章 文脉里的福文化精神

85

◎ 寿山石雕《知足》

之方。古人有歌曰：'他骑骏马我骑驴，仔细思量我不如。回头又见推车汉，上虽不足下有余。'予以此四句图画一轴，悬于斋中，时刻触目，以消去许多妄想之心，享受许多自在之福。"此法道尽古人的处世之道，引发世人无尽思索。

福是一种心理感悟，知足常乐是一种处世的思辨智慧，是一种看问题的方法论，不宜与经济社会发展混淆起来，否则心智迷失，福又到哪里去体悟呢？如何享福，古人亦有高论："祸到休愁，也要去救；福来休喜，也要会受。"所以应该加强福文化修养，懂得发现福，抓住福，享受福，同时更要造福，与他人同享。每个人的幸福愿望

◎ 鼓山"知足常乐"石刻

汇聚起来就是一个民族的梦。个人对美好生活的向往，永远是与国家联系在一起的。

明代富有革新精神的李贽对知足与富寿等有独到的见解，他说过："富莫富于常知足，贵莫贵于能脱俗。贫莫贫于无见识，贱莫贱于无骨力。身无一贤曰穷，朋来四方曰达。百岁荣华曰夭，万世永赖曰寿。"这位特立独行的思想家对福文化的见解亦不同凡响。

《史记·龟策列传》叙述了宋元王救龟、放龟又留龟，用之于占卜而使宋国强大的过程，其间君臣持不同意见，但对福祸的认识做出新解，即"祸不妄至，福不徒来""福之至也，人自生之；祸之至也，人自成之。祸与福同，刑与德双"。意思很明白，福祸不是天生的，都是人带来的。那么，破解之道是什么呢？古人早就给出答案：厚德载福。《国语·晋语六》有"德，福之基也""唯厚德者能受多福"之论，即是说，一个人要有厚重的品德，才能承载福报。因此，传统治家教子十分注重惜福修德，把良好的道德品质也当成福的重要内涵，或诉诸家风家训的细枝末节中，或利用建筑、器物等载体来昭示积德修福的伦理责任。古时深宅大院中的诸多堂名中少不了五福堂、惜福堂、爱福堂、百福堂、种福堂等，至于带"德"字的堂

◎ 南靖县张氏家祠德远堂

名就更多了，如树德堂、明德堂、承德堂等。福州人叶观国示儿辈立业时说，"尤当以惜福谦和为主""申昌滋大，在于树德"。而诸多格言大家更耳熟能详了，如"一粥一饭，当思来处不易；半丝半缕，恒念物力维艰""惜衣惜食，非为惜财缘惜福"等等。

永春县民国时期大商贾沈逢源故居德兴堂，可谓修德的大集萃。堂中对联有大量的修德教诲，深富中国传统文化底蕴而又不乏新意，如"德为车，乐为御，无远弗届；兴于诗，立于礼，游圣之门""德及余千，堂开三善；兴思梁室，韵制四声""德高是人生一乐，兴逸得天地自然"。其中一些结合农家生活，质朴而富有田园意趣，如"德水抱村流曲曲，兴龙崛地起层层""德水无波，福田自润；兴家有道，安宅当居"等。

祖先之循循善诱，用心之良苦，沉淀为勤俭持家、反躬求己、诗书宜兴等金玉良言，构成福文化的一个重要展现方式。弘一大师有联曰"坐享檀施岂易，自忖己德何如"，意思很明了。

◎永春县沈氏德兴堂

◎ 沈逢源故居德兴堂

古人有治家福谱说："有福有智，能勤能俭，创家者也；有福有智，不勤不俭，享成者也；无福无智，不勤不俭，败家者也。"也就是说："富之根本全在勤俭，贵之根本全在读书，喜之根本全在和顺，福之根本全在循理。"

惜福还体现在教育子孙为人处世之道，如"处世，让一步为高；待人，宽一分是福"。劝诫官吏则说："宽一分，则民受一分之福；省一事，则民少一事之扰。"古代官员任职地方与离任之时，都要拜谒地方先贤祠庙，以昭明诚敬之心，惠泽一方，是陶冶官德的一种方式。

知福重要，惜福可贵，修福才是真正的核心。古人提倡当为子孙"造福"，不当为子孙"求福"。什么是造福？"谨家规、崇俭朴、教耕读、积阴德"就是造福，而"广田宅、结姻缘、争什一、鬻功名"是求福。造福者，淡而长；求福者，浓而短，进而发展出一套套的"造福论"而延及后世。

第三章　文脉里的福文化精神

◎ 伊秉绶惜福联　　　　　　　◎ 何振岱联

当然，认识是不断提高的，晚清福州著名诗人林昌彝就主张不必锱铢必较于修德获报，那是逐末，不如"明善改过，利物济人"。另一福州文化名人何振岱有联示儿，"积善养福，研几广才"，即闲来多探究事物的精奥之理，亦是一种福。

二、书画中的福文化

福文化是一个鲜活的文化体系，是中国各民族共同积累的民族风情和精神情感的结晶。福文化蕴涵着中华民族的和谐、一统、团圆的追求，其本质是儒家倡导的"和"的思想的体现。福文化也是书画家钟情的题材，历史上福建书画家留下了大量以福文化为题材影响广泛的作品。书画家展现福文化的艺术手法与体裁多样，包括

◎ 陈沅芷锦灰堆"寿"字

稀见的锦灰堆等。

1. 华岳，笔间刷却世间尘

福文化之所以为全民族所高度认可，就在于福是所有美好事物和谐统一的集合，因此传统吉祥图和合是很受欢迎的题材，比如《五福和合图》，就是个多元和谐的系统，一般画面绘五只蝙蝠，蝙蝠从天上一起飞进带盖的圆盒内，"蝠""福"谐音，表达五福并至、福运来临、福气多多，寓意家庭和谐幸福，而"盒"与"和""合"同音双关，象征古代传说中的主婚姻的和合喜神。旧时民间在举办婚礼的喜堂上悬挂一幅吉祥瑞图，绘两位蓬头笑面、活泼可爱的童子，分别身着红衣绿衣，一位手持荷花，另一位手捧圆盒，盒中飞出五只蝙蝠，二童笑容满面，十分惹人喜爱，人们借此来祝福新婚夫妇永结同心、白头偕老。

传统年画中也多有表现和合二仙的题材，如清代杨柳青年画《双拜花堂》表现的就是当时喜堂悬挂和合二仙像的习俗。民间年画常常绘和合二仙，一持荷花，一捧圆盒，盒内盛满珠宝，并飞出一串蝙蝠，寓意夫妻和谐，鱼水相得，财富无穷无尽，用现在的话说就是"家

第三章 文脉里的福文化精神

91

◎《和合二仙图》　　　　　◎《柏下仙鹿图》

和万事兴"也。

　　华嵒也绘有以和合二仙为题材的作品,其一幅《和合二仙图》就是以和合二仙入画,画面背景是山林松石,一仙着红衣正面蹲在石上,笑呵呵地盯着孩童手捧的水果盘,盘中盛满荷花,另一仙侧立扶着孩童。画面构图主次分明,色彩对比强烈。在另一幅《和合二仙图》中,二仙踞地而坐,面前置折枝荷花、莲房与一个小盒子,二仙含笑凝视,神趣逼肖。华嵒自题"彼何人斯,宜兄宜弟。爱笑爱语,式想好矣",其和合的意图亦流露殆尽。老百姓对于幸福的追求往往是零散的、个性化的,但中国传统的和合思想把它们组合在一起了,不仅如兄弟般聚合在一起,而且能和谐相处,这才是真正的幸福之道。弘扬传统的福文化对我们今天构建和谐社会依然具有殷鉴价值。

　　华嵒笔下表现福文化的题材还有《柏下仙鹿图》《寿星骑鹿图》等,均承继传统的表现手法。如《柏下仙鹿图》,绘一老者骑在鹿背上,洞箫挂于鹿角上,着重表现其闲逸情致,像是画家在山水云烟中求得精神上的超脱。

华喦一生以卖画为生，颠沛清贫，早年在花鸟画中常常借物托志，表达昂扬进取的精神，或对文字狱发出控诉。中年以后或许出于对现实的无奈，选择安贫守道。与传统的隐居遁世不同，华喦坚持修己敬身准则，不丢文人本性。"笔间刷却世间尘，能使江山面目新"。扫除世间尘垢，求得精神慰藉，消极的避世与积极的涤荡污浊在其思想与艺术中交织在一起，这在钟馗形象的题材中表现得极为明显，他将民间传说的捉鬼英雄描绘得威猛刚烈，一身英气，表现了华喦思想中刚正高亢的一面。

2. 黄慎，画到精神飘没处

黄慎是中国画史上少见的全能型画家，人物、花鸟、山水无所不能，无所不精，且画龄长，存世作品多。"别向诗中开世界，长从意外到云霄"，黄慎擅于打破条条框框，富于创新气质。在其人物画

◎《寿星招福图》

◎《钟馗接福图》

第三章 文脉里的福文化精神

中摒弃传统脸谱化的陈规陋俗，不仅更新人物造型，把人物范畴大大扩充到世俗人物，有些还是传统士大夫鄙视的贩夫走卒，典型的如麻姑献寿，从不食人间烟火的神仙变为村姑渔妇，很接地气。其人物造型多选取生活化的一面，或日常举止，或喜怒哀乐，皆有亲和感。技法中工写兼施，人物颜面多工笔，衣饰多用粗笔写意，随心赋形。传统的神话人物如八仙、钟馗等形象，表现方法出奇出新，布局缜密严谨，显得人物灵动而有质感，画面内容丰赡而有新意，如钟馗题材，表现手法至少有十几个，像钟馗接福、钟馗击磬、钟馗执笏等等，读来很能启发进一步联想。

钟馗是镇宅驱邪之神，人们认为妖怪被斩除了，福就降临了，因此提炼出"执剑福来"的表现手法，画面构图一般是钟馗手挥宝剑，目视飞来的一只红蝙蝠。也有将这种构图方式解读为"引福归堂"，宝剑可驱邪镇宅，为正义的化身，在漳州年画与佛山年画中常见这种表现方法的《引福归堂图》。在北方，民间多演绎出"恨福来迟"的题材，应说极尽巧思，钟馗往往被塑造为豹头环眼、浓须虬髯，带翅纱帽，透射出一身凛然正气。

黄慎的《钟馗接福图》将钟馗盼福的神态与心理描摹得淋漓尽致，金刚怒目，眼睛瞪得像个大铜铃，须发皆飘然而起。另一幅钟馗图题款识："正直刚方，其貌堂堂。威仪章章，其心孔良。手持圭璋，通福降祥，厥德称昌。"画家心中的钟馗形象，何尝不是自己处世准则的写照呢?

黄慎有多幅《天官赐福图》，早期如雍正二年（1724）的，明显还带有传统画法的影响，人物还较刻板干枯，而乾隆二十年（1755）前后的几幅人物就血肉丰满多了。黄慎是职业画家，以卖画为生，同一题材的画作有多幅，明显是应买家所需，但这也恰恰表明《天官赐福图》在民间受欢迎的程度。

中国历史上的福神很多，如阳城、真武等，流传最广的当然是天官了。天官是道教信仰中天官、地官、水官之一。天官主赐福，因此深得民间喜爱，也成为画家钟爱的题材，尤其在南北各地的年画中

◎《得福图》　　　　　　　　◎《天官赐福图》

常见，清代达到极致。天官多被塑造为大员形象，天庭饱满，慈眉善目，头戴官帽，手持如意，随带招财童子等。画风成熟后的黄慎，人物画中五官、髭须、眉发、手足、躯干皆立体感强，似乎刚刚脱稿，笔墨气息尚在，触手可及，通过人物的神态可反映出其特定情境下的心态，因而大大丰富了传统形象的内涵。在多个钟馗图中，黄慎从中年

◎ 永定区湖雷镇高石村跻宁第由赖贻远于乾隆四十五年（1780）建造，宅第中保存有一幅浮雕很有特色，把"天官赐福"四个汉字巧妙地融合一起，组成圆形图案，四周图案由祥云和蝙蝠组成

到老年的心态演变贯穿其中。如《寿星招福图》中，老者须发皆白，长袖曳垂，捧罐专注地招蝙蝠，粗笔挥洒中十分形象地传达出人物神貌。再如，《得福图》中，一人一物，没有杂景，蝙蝠从天而降，即将落在人的手上，人物专注神态表现得极为传神。另一幅同题材题款"哑性多累，聋性多喜。与其饶舌，不如充耳"，煞有意趣。

黄慎有极深厚的诗文造诣，画作收笔后，常自我评价，上乘之作皆题诗，诗多富情趣。题画诗将自己的人生感悟、人生理想很好地表达出来。如其《三仙招福图》选用八仙中的三仙，题诗曰："何事纷纷皆若醉，仙家独向道中醒。金丹放出飞升去，冲破秋空一点青。"

"福在眼前"是历代艺术家喜爱表现的题材，真可谓经久不衰。黄慎早年的一幅《福在眼前》，绘铁拐李双手拄拐杖仰望从天而降的蝙蝠，目光炯炯，神采生动，借蝙蝠寓"福"的形象化艺术表现手法，表达"福在眼前"的寓意。有时表现"福在眼前"采用的是二仙组合，一正一侧，皆全神贯注地盯着从天而降的蝙蝠。福建艺术家善于并喜爱表现"福在眼前"题材，李霞的《福在眼前》刻画的主

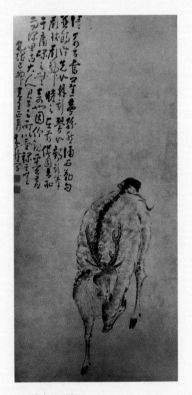

◎《受禄图》

角是张果老倒骑毛驴回头看蝙蝠。现今福建的一些工艺美术师们擅长用木雕表现"福在眼前"题材，其造型空间大，表现手法多，令人浮想联翩。

黄慎《受禄图》画面不设杂景，仅仅画了一只正面的鹿，有长题款："读列子书，旧梦纷然，诵石勒句，并驱谁先，如鼎斯翼，如鹤斯拳，厥状厥神，瞻之在前，仆固有耻于庸碌之无奇也。因仰观乎玄虚，而深思古大人君子之所以受禄于天。"鹿是史上被推崇的吉祥物。传统福文化题材中的动物，除蝙蝠外，出现频次最多的可能就是鹿了，此外还有鹤，代表着长寿。传统的《受天百禄图》构图繁杂，元素众多，比如四川绵竹年画绘制一寿星骑白鹿，有童子、寿桃、葫芦等。传说，鹿500岁的时候全身变为白色，白鹿象征仁政，是祥瑞的气象，因而深受帝王喜爱。《诗经·小雅·天保》有"馨无不宜，受天百禄"的记载，也就是说要保佑王室安定。

黄慎丰富的艺术思想，郑板桥诗句形象地概括为："爱看古庙破苔痕，惯写荒崖乱树根。画到精神飘没处，更无真相有真魂。"也就是后世总结的写神写意又写心吧！

3. 林纾，我意独饶山水味

林纾一生著述等身，成就横跨文学、艺术等领域，并以在古文和翻译等方面的成就，在中国近代文化史上写下了重要的一笔。他是不懂外文的翻译家，靠人口授，用文言文翻译外国小说180多部，成为中国近代史上传播西方文化的一个传奇人物，并深深影响了一代人。

林纾一生未涉官场，性情狷狂，不媚权贵，为人正直，仗义疏财，特立独行，敢于针砭时弊，讽时骂世，傲视群雄。林纾也擅长丹青，尤擅山水，亦能花鸟。他在《春觉斋论画》中说："无法不足以作画，无理不足以成画，无趣亦不足尽画之妙，三者备而画已名家矣，余则谓趣外尚须韵之一字。"这表达了他的艺术思想。后人评论说林纾"对古人画作从创作思想、用笔用墨到渲染设色进行了精心体察和反复揣摩，累积心得，日久功深，化合古人为己所用。他以山川为友，得江山之助，每到一处，见殊胜风景，总是逐处留心，

撷其精粹，并一一形诸笔端。对不同韵致的景物特征，如天台之险峻、西泠之秀媚、花坞之清幽，都悉心加以体察。他的这些努力，确实使他晚年的山水画作做到了不为迹象所拘、动心感兴、舍形遗神的艺术效果"。

林纾具有深厚的文学修养和精到的书法功力，几乎每画必题诗。在《畏庐诗存·题画诗》中，他说自己每作一画，一定要拟一首绝句题在画上。他将诗画融为一体，清疏淡远，自然天成，流淌着不加掩饰的真性情，散发着鲜活的生命情调，时人称为"诗书画"三绝。

1920 年林纾作《百福骈臻图》，款识："百福骈臻图。庚申三月十四日，写于宣南烟云楼，古闽林纾写并识。"百福骈臻是传统题材，百福当然是虚指，指很多的福运、福气；臻是极的意思，表示各种福运、福气集于一身达到极致，"骈臻"则是一并到来的意思。百福骈臻深得各阶层喜爱，清宫廷庆典戏中有《百福骈臻》剧目，常与千祥云集组词为对联，清代铜钱中也多见铸字百福骈臻。林纾《百福骈臻图》，画面主体绘山石嶙峋，白云缭绕，一队队仙鹤从遥远的天际飞来，有的落在松树枝上，有的在竹林草地上，一派祥和、娴静之状，构思

◎《百福骈臻图》

有别传统，自出机杼，大概正应了其"我意独饶山水味，何须攻苦学名家"的胸臆。

写实山水是林纾山水画最具特色的部分。林纾以所见的真山水为对象，融入自己丰富的生活阅历，将个人的思想情感细致入微地融入山水中，达到借山水抒写性灵、传情达意的艺术效果。其中的访胜纪游一类作品，取材于林纾一生周历南北、亲身游览的山水胜境，或表现故乡清新明丽的江村生活，抒情写意，情趣盎然。如《辛酉春日山水册》之五《江村读书图》款识："万竹扫天，池荷送馥，人生读书于此，不知修几生善果，始享兹清福也。辛酉春暮，畏寒不出，写此排闷，畏庐林纾识。"林纾一生视读书为"享清福"。

4.伊秉绶，不负月明能几人

伊秉绶与黄慎一样都是宁化人，不同的是，伊秉绶父子进士，走的是官宦生涯，而黄慎终生布衣，但他们的价值观是一致的。伊秉绶崇儒尚理，为官清正，"问民疾苦，裁汰陋规，行法不避豪右"，任内重视教育,弘扬文化,能书善画工诗文。尤其是其隶书,一改传统,

◎ 伊秉绶联句

◎ 伊秉绶联句

走平直方正、古拙内敛之路，开一代新风，为后世追捧。伊秉绶赠友联句甚多，反映了其日常生活讲究守道行正、清心闲雅的人生追求。

"大富贵，亦寿考；具福德，宜侯王"一联最能反映其坚守传统的德福观。如何得福得寿？另有句曰："存忠厚，养和平，明是非，惜廉耻。"所以伊秉绶联句中有大量的读书、修身、诗礼传家的内容，如"读书大游览，作福小薰修""清门宝胄诗书泽，嘉日投壶忠孝家""官闲读书乐，亲健得天多"。

"名香凝百福，清望在三台。"为官应追求美好的声望，这也是一种福。

伊秉绶自小受家庭文化熏陶，为官，注重官德，特别自守清正；为学，崇尚程朱理学，精研经史子集，广涉释道；为人，深知"种树养根，种德养心"，注重修身养性，如"寓意于物，养性以和""致福作善""敬能滋厚福，静以获长年""惜福常留当户草，安心曾识下帘人""再游又遇称觞节，百寿应归作德人"，似是在福文化的包围之中，而读其联句，似是在接受福文化熏陶。

伊秉绶学识渊博，联句能借古出新，文采映耀，如其书法，圆方欹正，柔刚融为一体，讲究中和，身后政声颇佳，如其自题诗"不负月明能几人"。

5. 福字打底的漳州木版年画

漳州木版年画是中国南方地区最具代表性的年画，与天津杨柳青、苏州桃花坞等相齐名。年画题材丰富，祈福辟邪者如《狮头衔剑》，风俗节令者如《春招财子》《老鼠嫁女》，宗教信仰者如《四瑞兽》等。中国传统的年画主题多吉祥题材，年画中保留了很多传统的祭祀文化因子，包括上天赐福的内容，门神、财神、灶神、福神等等，珠玑满目。

梅花凌寒独自开。梅花高洁孤傲，古来即被赋予最高人格的象征。梅开五瓣，因此传统上也将其与五福联系在一起，纳入福文化内涵，比如常见的对联"梅开五福，竹兆三多"。年画中梅开五福，以漳州年画中梅花福最具影响力。创作者用双勾技法（用笔左右或上下勾描，然后合拢），里面填满着梅花，一眼望去，真是满满的福气。
漳州木版年画中同样还有梅花"寿"字。传统上，梅传春信，历代
不乏以此为题材的画，如著名的清代宫廷画家郎世宁《平安春信图》，
画面是一老者向年轻人传递梅花。其主旨，恰与一副常见的对联"梅
传春信寒冬去，竹报平安好日来"所阐释的祝福之意如出一辙。

福建人喜欢把有五只老虎的画叫作五福图，这或许是因为福建
人有时说话"虎""福"不分的缘故吧。漳州传统木版年画《五虎衔

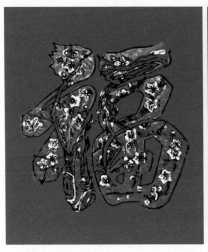
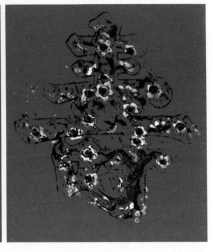

◎ 梅花福寿

◎ 《五虎衔钱图》

◎ 《财神献瑞，天仙送子》

钱图》，图中五只老虎围绕在聚宝盆周围，神态各异，生动可爱。聚宝盆中盛满各种宝物，寓意财源滚滚。此图多贴在钱柜上，取生财护财之意。

《加官晋爵图》《加官进禄图》等是漳州年画中常见的门神题材，画中一位手托进贤冠，一位手托盘，盘中有鹿，手法简洁，主题凸显。

《财神献瑞，天仙送子》为祈财送子类题材的年画。"财神献瑞"描绘民间传说中献瑞的财神为朝官打扮，头戴官帽，身着锦袍，一手怀抱如意，一手托举金元宝，骑白马送财而来；"天仙送子"则描绘了有送子功能的禄神张仙，一身华丽打扮，五绺长髯，骑着白马，一手持金弓银弹，一手抱着握如意的孩童，送子到人间，画中财神、天仙都骑着高头大白马，意思是愿望能"马上"实现。画面造型自然，色彩绚丽，人物形象饱满，表情和谐，姿态生动，常作为新婚夫妇的吉祥年画，此对门神画为"幼神"，是漳州木版年画中的精品。此年画在帽翅下有"多文"二字暗记。

历史上，漳州月港兴盛时，木版年画远播岭南、台港乃至于东南亚国家,而年画繁兴的基础是民间的民俗活动。在很多人的记忆中,是年画引燃了腊月暖融融的气息,人的精气神也提了起来,尽情地发挥自己的审美去选年画,贴年画,在与年画的相互关照中度过流年岁月。如今,时光荏苒,世易时移,年画风光不再,漳州木版年画与其他地域的年画被纳入非物质文化遗产范畴,如何以新的形式赓续历史辉煌,激发生命力,展现未来,是许多传统文化遗产项目要思考的。

三、匾额里的福文化

匾额,是悬挂在中国传统建筑物门楣上方、厅堂正中和墙上的题字方形牌,它把中国古老文化中的辞赋诗文、书法雕刻、建筑艺术、民俗礼仪融为一体,是综合性的艺术珍品,往往与楹联结合而相得益彰,被誉为"门楣上家国,梁柱间文脉"。

据载,匾额在我国已经流传 2000 多年。早在宋代就被列入官方《营造法式》的制作规范中。明代书法家费瀛在其著作《大书长语》中说:"堂不设匾,犹人无面目然,故题署匾榜曰颜其堂。"

匾额题词引经据典,字字珠玑,是中国文化中"道器合一"的载体,匾额文字承担着"文以载道"的功能,做成方形器物,"器以传世",讲述的是历朝历代的主流意识形态。一方匾额,或标榜名号,或歌功颂德,或明志勉励,或警示后人,内容相当丰富。

在传统社会里,人际交往中的礼尚往来离不开匾额的赠与受,通过赐匾送匾挂匾等仪式祝福人们过上幸福美好的生活。连城县明清牌匾陈列馆是福建省首家以匾额文化为主题的陈列馆,馆内藏品丰富,其中有许多关于福文化的匾联。

"颖福堂"匾额,原是悬挂在祠堂里的,将"颖福"作为自家的堂号匾,表达了对家族和子孙后代寄予聪颖智慧、吉祥如意、幸福

◎ "颖福堂"匾额

常在的美好愿望。堂号，是一个姓氏家族的代称，是家族文化中用以弘扬祖德、敦宗睦族的符号，也是各姓氏族人寻根意识与祖先崇拜的体现。

中华民族尊老敬老的传统源远流长。明清时期，尊老风气日盛，对长寿老人可谓是推崇备至。清代寿高百岁的老人，即使是平民百姓，也会受到朝廷的嘉奖。

祝寿习俗包括对寿者的年龄、祝寿的礼品、祝寿的用词等等，都在匾额中一一体现。寿者年龄称谓有：50岁称半百，也称为"艾龄""杖家之年"；60岁称花甲，也称为"杖乡之年"；70岁称古稀，也称为"杖国之年"；80岁称耄耋，也称"杖朝之年"；百岁称期颐。

客家人敬重长辈，当老人到花甲之年或古稀乃至百岁大寿时，子孙们都要设宴庆贺，以祝老人长寿永康。因此，为长者祝寿几乎是客家地区一年四季都能看到的喜事。《尚书·洪范》将"寿"排在五福之首，可见寿在人们心目中至关重要的地位。

在传统的祝寿礼仪中，较为普遍的寿礼形式有寿桃、寿糕、寿面、寿幛、寿屏、寿联以及钱款之类的物品，寿匾在其中居于显著的位置。比如，为老人祝寿送上"遐福"匾，祝福寿星永远享受上天赐予的福祉。"遐福"是非常古老的祝福之辞，出自《诗经·小雅·天保》："降尔遐福，维日不足。"为父母贺寿悬挂一方"福"字方形匾，祝福父母长寿富贵、福气多多。寿匾题词既高度概括，又形象生动，富有文学色彩，既显示寿者的喜庆心情，又表达了亲友们的尊崇之

◎ 伊秉绶遗墨"福寿延年"匾额

心。寿匾制作工艺非常讲究，底色大多为红色，字为金色，有些寿匾边框雕刻福禄寿三星、天官赐福、麻姑献寿、东方朔偷桃、龙凤呈祥、富贵牡丹、蝴蝶（寓意福气叠加）等吉祥图案，充满着喜庆祥和、欢乐幸福的气氛。

"儿女尽英雄，剑胆琴心，竭力趋添梁孟福；春秋周甲子，孤威帨曜，追踪遥占木金天。"从联文看，这是一对夫妻60岁大寿时亲戚们送的贺联。上联说这对恩爱夫妻的儿女们都非常有出息，该是到享福的时候了。"梁孟福"出自成语"梁孟相敬"，说的是东汉时期，书生梁鸿读完太学回家务农，与孟财主30岁的女儿孟光结婚，婚后他们抛弃孟家的富裕生活，到山区隐居，帮人打短工。每次孟光给梁鸿送饭时都把托盘举得跟眉毛一样高。联文引用"举案齐眉"的故事，祝福这对夫妻相敬如宾、举案齐眉、白头偕老。

"耆英集福"匾，寓意年高有德的人是有福气的。耆英为高年硕德者之称。唐代司空图《太尉琅琊王公河中生祠碑》记载："宾筵备礼，耆英尽缀于词林；将略求材，剑戟自森于武库。"宋代辛弃疾词《江神子·和李能伯韵呈赵晋臣》曰："看长生，奉严宸；且把风流，水北画耆英。"

中国的福文化源远流长，深入人心。早在上古时期，人们在每年丰收的季节，就把五谷杂粮盛放在礼器里，祭拜天地祖先和神灵，祈求和期盼他们对子孙后代的庇佑，过上幸福美好的生活。《诗经》里有许多关于祭祀祈福的诗句。比如《诗经·周颂·丰年》："丰年

第三章 文脉里的福文化精神

多黍多稌，亦有高廪。万亿及秭，为酒为醴，烝畀祖妣。以洽百礼，降福孔皆。"这首诗大致的意思是：经过一年的艰苦劳作，终于取得了农业生产的好收成，丰收之年，五谷杂粮堆满了粮仓，把这些粮食酿成美酒，敬献给祖先和神灵，请求他们保佑来年的丰收，普降洪福给人们。

福文化是中国传统文化里面最深入人心的大众文化，它反映了中国人的传统价值取向、精神追求和对美好生活的向往——衣食无忧，健康长寿，多子多孙，和谐幸福，平安是福。

与福有关的吉祥语很多人都能信手拈来，比如知福惜福、积德积福、享福造福、福如东海、五福临门、福星高照、福气多多、幸福美满。一个"福"字寄托了人们对幸福生活的向往，也是对美好未来的期盼和祝愿。

福文化是中华民族的精神寄托和价值取向，几千年来，受到中华儿女的认同和推崇，是推动中华民族不断发展前行最强有力的文化纽带和精神动力。

◎ 连城县明清牌匾陈列馆内景

四、宗祠：福文化的荟萃地

宗祠（祖庙、祠堂）是儒家礼制的产物，祭祀祖宗的场所，起着凝聚族人、扶老助弱、教化后代的作用，也是宗族兴旺的重要标志。自朱熹倡导家族祠堂以来，中国十分重视祠堂的兴建，福建也不例外，尤其是程朱理学的倡导，对福建祠堂发展起了极大的推进作用。明清时祠堂兴建之风达到极盛，福建现存的诸多祠堂多是在这个时期肇始的。宗祠修建规模一般与宗族兴旺程度密切相关，宗族子弟担任的官职越高，建造的宗祠就越气派与豪华，乃至于如今成为一地重要的人文景观。宗祠名称若为竖幅，就肯定与皇家有关，如周宁县浦源郑氏宗祠，家族中有人在北宋时是驸马。宁化石壁张氏家庙也是竖幅。

作为传统文化象征的宗祠，其修建当然首先寄托着族人的期望，所以不论宗祠体量大小、建筑材质如何，选址无不谨慎。宗祠除了春秋祭祀、追远睦族、序昭穆崇功德外，就是代表家族的兴旺。族人的期望，更多地反映在宗祠的楹联上。而最质朴的诉求就是"福地""世泽长""家声远"等。福建宗祠中也多"堂兴为福地""福门万代"等用语。族人对家族兴旺、天地人合、福禄寿全的心理表露无遗，如诏安官陂镇的承禄堂有楹联"承天赐福同天久，禄地生辉与地长"；云霄莆美镇水木堂张氏宗祠楹联"水木清华开福地，蝙蝠吉庆舞尧天"；永春吾峰镇吾西村魁福堂楹联"有始有根有源有教有德，皆有福；成宗成祖成族成才成功，自成名。"

宗祠楹联中也多"千年福祉""万代祯祥"等用语。祉、祯、祥等词实际上是"福"字的衍义，仅仅一个"福"字显然不足以表达人们求福心理的细微差异，古人把"福"字家族不断拓展壮大。如举行仪式，事神致福就叫作"礼"。礼与福的原初意义是一样的，承

第三章 文脉里的福文化精神

◎ 罗源县松山下土港清道光年间匾

载着神灵赐予的福。如《仪礼》讲述男子 20 岁加冠礼，受礼者成长为大人了，从此要谨言慎行，这样就会受天之庆，"寿考唯祺、介尔景福、永寿胡福"等，景福、胡福都是大福的意思。

礼吉即为禧。"禧"字我们其实不陌生。春节期间，中国人使用频率最高的词汇可能就是"恭贺新禧"了。祭祀心意至诚而得福佑，即为"禛"。

"福祉"也是常联系起来用的词汇。祉，就是福到了的意思。《韩诗外传》卷三说："是以德泽洋乎海内，福祉归乎王公。"孙中山《同盟会宣言》说："复四千年之祖国，谋四万万人之福祉……"至今，"为人民谋福祉"时不时在一些庄重的场合流过耳际。2011 年胡锦涛的新年贺词，就题为《共同增进各国人民福祉》。

祥、禛、祜、祈、禐、祷、禔、礽、祚等等与福的含义大同小异。同者，都是福气、福运的意思；异者，是根据不同的祭祀形式而产生的专门词汇。

宗祠常有名人赠联，赠联中不乏福文化的内涵。福清城头镇后俸张氏宗祠有明代福建右参政蔡潮赠联："百年天上三金榜，五福人家六寿星。"

宗祠楹联中也多记载家族繁衍谱系、族人获取功名、激励后代耕读传家等内容，虽传统，但并不保守。如诏安红星乡振德堂有楹联"承前祖德勤和俭，启后子孙商与读"；安溪大坪乡萍州村张氏家庙"士农工商各执一艺"用语，在传统重农抑商的社会，鼓励子孙大胆经商，也是造福子孙的一种体现。

◎ 罗源县鉴江镇东湾村清光绪年间匾

五、唱得梨园乾坤福

福建戏曲文化是中华优秀传统文化的重要组成部分，植根于八闽大地，赓续着福建历史文化血脉，是福建乃至全国一张亮丽的文化名片。福建也是戏剧大省，种类繁多、特色鲜明、内涵丰富，现有 20 多个地方剧种，以闽剧、莆仙戏、梨园戏、南音、高甲戏、芗剧（歌仔戏）、客家木偶等最为出名。目前拥有省级以上传统戏剧类非遗 49 项，存有 1 万多种戏曲剧目抄本。

一帧帧蹑影舞春、广袖拂尘的身影，挥洒淋漓的是人世间的悲欢离合，看戏，就是享一场人生的嘉年华。不少受群众欢迎的优秀代表剧目中，对祈福纳祥、阖家团圆、国泰民安等主题的呈现是其中重要的内容，对积德行善、祛病消灾、亲情爱情等在内的福文化进行褒扬与宣传是戏曲舞台的主旋律。

"扮仙"是祈福纳祥非常深入民心的一个环节，民间信仰中的仪式活动都有民众驱凶纳福的寄托，作为进献神明的"大礼"，民间戏曲的演剧活动必然也参与到这一主题的表达中。民间演戏无论何剧种在正式戏上演之前，特别是在春节，作为一年之始，最重要的习俗就是祈福纳祥，人们都希望在新的一年里风调雨顺，诸事顺遂，

◎ 莆仙戏剧照

所以一定先扮仙为民众祈福，然后再表演正式戏文。

所谓扮仙，顾名思义就是演员扮演天上神仙，向神明祈求赐福。如歌仔戏扮仙"三出头"指的是《排三仙》《跳加冠》《送子》。《排三仙》即"福禄寿"三星在蟠桃大会上为王母祝寿。日戏开锣都必须先演这三个吉祥的节目，来为请戏者诵福，接下来才演出其他节目。闽剧《仙官庆会》等几出戏在祈福纳祥的节目中非常普遍。《仙官庆会》是朱元璋孙子朱有燉专门为春节创作的作品，从皇宫大内流传到民间，演的是大年三十福、禄、寿三星到民间赐福，请钟馗作驱邪使者，在一阵隆重的舞蹈后，钟馗制服了邪魔鬼怪，福、禄、寿三星分别献瑞呈祥，祈福纳祥的意味十分浓厚。

钟馗作为驱鬼除邪的人物，早在唐代就经常与新年联系在一起。如张说的《谢赐钟馗及历日表》、刘禹锡的《为淮南杜相公谢赐钟馗

◎ 梨园戏《陈三五娘》剧照

历日表》，都是感谢皇帝赐给钟馗像和新年的历日表，从中可以看出钟馗象征着新年平安吉祥。南宋淳熙九年（1182）知福州梁克家、通判陈傅良纂修的《三山志》在"岁除"条明确记载，除夕当天百姓有在门上悬挂钟馗画像以驱邪的习俗。唐开元年间的"钟馗碑"记载玄宗封钟馗为"赐福镇宅圣君"，钟馗被赋予吉祥寓意，从避害转为趋利，说明先民以更加积极的心态去迎接新年的到来。

其他常见的扮仙戏还有《封王》《封相》《富贵长春》《五福天官》等，从剧目名字可以看出都是取悦观众、祝福喜庆的内容。在禳灾、祈福方面客家木偶戏历史久远，宋代朱熹任职漳州时就见过木偶演剧，至今，木偶戏仍在建庙谢土、制煞、丧礼、庆典、还愿等场合中演出。

表现祈求国泰民安的戏有莆仙戏《喜朝五位》和梨园戏《岁发四时》等。在《喜朝五位》中，五男五女分别扮演十方喜神，拿着甲、乙、丙、丁等十天干令旗，身着与五行相配的青、红、黄、白、黑五色衣服，按五行方位，绕场一周，唱出"喜迎着第一韶光，遍人间喜气洋洋"的唱词，象征着十方喜气的到来。普通百姓也是"比屋焚香，换桃符万户相当。老人多小儿又长，醉饮屠苏休让"，展现出一幅千家万户纷纷拜谢神灵，更换桃符，长寿老者越来越多，儿童健康成长的喜乐祥和图景。

《岁发四时》演述象征着"四时喜庆""八节平安"的太岁星经过60年的轮回，再次上位，他分别召唤春、夏、秋、冬四官，吩咐他们各自尽职，保佑国家风调雨顺。除了人数众多的大戏外，还有一出名为《如愿迎新》的小戏，几乎每年都会上演。"如愿"故事，最早见于东晋干宝的《搜神记》，到南朝时期，民间已经形成了"打如愿"的风俗，《如愿迎新》就表达了"如愿"重现人间，人人愿望得以实现的美好愿景。

与朝廷希望天下太平、国泰民安的宏愿不同，老百姓最大的愿望就是家庭幸福、邻里和睦、生活美满。高甲戏《文氏家庆》以文征明为主角，讲述了这位高寿文人过年的场景：翰林待诏文征明，因

◎ 莆仙戏《瓜老种瓜》剧照

年满 90 岁告老返乡。儿子文彭为国子监博士、文嘉为和州学正，孙子文震孟又新中状元，可谓诗书传家，福寿双全。时逢春节，儿子、孙子、曾孙纷纷拜年，门生也纷纷前来拜贺。

20 世纪 50 年代创作演出的芗剧《三家福》充分体现了这一情结。剧目讲述了船工施洋之妻告贷无门，于除夕黄昏投水自杀。塾师苏义将她救起来，托词施洋寄来家信与安家银，将自己年终所收的学费慨然赠送。而苏义回家后柴米俱无，与妻孙氏饥饿难忍，无奈于夜间去偷挖番薯。途经土地庙，向"土地公"表述自己的苦衷，恰被守薯园的孩童林吉听到。林吉十分同情，暗中帮助苏义偷挖自家地里的番薯。大年初一，正当苏义夫妇把番薯当猪蹄、薯汤作美酒之时，林吉偕母送来年货，施妻也上门拜年要取家信，此时，正好施洋回乡，一切真相大白，三家方知彼此相助情谊。该剧表达了老百姓在艰难生活时也不放弃对美好生活的期待，传递了邻里之间互帮互助的传统美德。

中国人在情感的表达方式上重含蓄，并以含蓄为美，传统福文化以一个"福"字来表达远远不够，需要一系列人人皆能意会的象征符号来传递，如自然界中的蝙蝠，其形状与颜色并不美甚至丑陋，但因"蝠"与"福"谐音，因此"有幸"成为中国传统文化中一个吉祥的符号。传统戏曲脸谱吸收了蝙蝠形之后进行了大胆的创作和变形，在对蝙蝠图形展开种种变化的同时，蝙蝠形的寓意也发生了一些变化，最后产生出新的造型。如闽剧《铁笼山》中的姜维，额头上有太极凰，嘴角有判官的蝙蝠嘴；如《嫁妹》中的钟馗，脑门上勾画一个金色蝙蝠图案，代表着辨别忠奸等等；戏曲服装上也绣着蝙蝠，喻为福在眼前。

在传统戏曲的道具中，福文化的影响几乎如影相随，无处不在，诸如福禄寿、天官赐福、五福临门、迎祥纳福、百福、花开富贵、富贵连绵、瓜瓞绵绵等，这些传统的祈福图案出现在舞台上，像一幅幅多彩的画卷，从一个侧面显示了福建传统戏曲的历史面貌。

"盘常"是吉祥图纹的一种，本为佛家"八宝"之一，本身含有"事事顺、路路通"的意思，其图纹本身盘曲连接、无头无尾、无休无止，显示绵延不断的连续感，戏曲上将其取作吉祥符，作为富贵不断头的象征。"盘常"的适用性很强，在表现世代绵延、福禄承袭、福寿永续、财富源源不断，以至于爱情之树常青等场景时，都可以用它来表达和象征。"方胜"，吉祥图符的一种。古人认为八件宝物，其数多于八，其物诸如珠宝、古钱、玉磬、祥云、犀角、红珊瑚、艾叶、蕉叶、铜鼎、灵芝、银锭、方胜，任取其中八种即为"八宝"，这些图纹应用在戏曲的服装、扇子等方面。"如意"，为人人皆知的吉祥物，它不仅以实物的形式出现在舞台上，而且还造就了工艺和传统图纹。"如意头"或"如意结"，多为心形、芝形、云形，多用于道具的桌椅腿脚、靠背等，应用十分广泛。除此之外，还有"吉祥如意""和合如意"的图纹。"古钱"，古钱与蝙蝠图，叫"福在眼前"，古钱与喜字谓之"喜在眼前"，"金玉满堂"为古树枝上挂古钱。钱，古称泉，"泉"与"全"同音，因此蝙蝠衔着用绳子穿起来的两枚古钱，称"福寿双全"。古钱的形意图样多表现在舞台桌椅的围板漆画中。

此外，戏曲道具中还有"八仙"。八仙有明八仙，专门画出八位仙人的图饰，还有"暗八仙"，指八位仙人的器物造型，也常出

第三章　文脉里的福文化精神

现在道具上；如葫芦，铁拐李的宝物药葫芦，传说可以吸尽大海之水；渔鼓，张果老的宝物渔鼓和毛驴，传说听了它的声音可以了解前生后世的事情；阴阳板，曹国舅的宝物，传说听了它的声音可以起死回生；荷花，何仙姑的宝物，传说何仙姑是八仙中唯一的女仙，她的法宝荷花可使死人复生和长生不老；芭蕉扇，钟汉离的宝物，传说可避大风大雨；宝剑，吕洞宾的宝物，传说每遇妖怪可自动出鞘除妖；笛子，韩湘子的宝物，传说可以吸尽海水，配以仙桃，可使人长寿；花篮，蓝采和的宝物，传说可以顺风千里找知音。

福禄寿喜的文字及祥云图纹，多出现在道具的座屏、挂屏等地方，或者变形后，作为吉祥文字出现，如"囍"习惯称为"双喜"，又有变形的或长或圆，表达欢庆喜悦，还有"禧"，这些多用在表现新婚嫁娶的场景。"寿"也由于人们的观念，不仅字意延伸丰富，字体也变化多端，但主题仍表达"五福"之意。除此之外，舞台上还常出现寿的组合图案，如万字符和"寿"字组成"万寿图"，如意与"寿"字组成"如意万寿图"，蝙蝠和"寿"字组成"多福多寿""五福捧寿"等等。祥云在戏曲服装上表现较为广泛。"如意云"表示绵绵不断；"流云纹"由流畅的回旋形状线条组成复杂多变的带状纹饰；"升云纹"犹如流动上升的云彩等。

 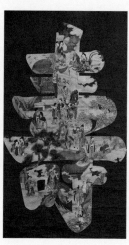 

◎ 明末清初万寿祺《群仙祝寿》"寿"字　　◎ 清代庄豫德《群仙祝寿》"寿"字　　◎ 民国金城《八仙贺寿》"寿"字

第四章　祈福中的美好心愿

如前所述，人类的祈福活动历史久远，代代相沿。春节是最重要的节日，也有最丰富的祈福活动。各地地域不同，习俗相异，但主题都是敬天福地、祭祀先祖、驱邪避灾、迎祥纳福等。点烛、焚香、放鞭炮，祭天地神祇，从仪式到供品都充满着祥瑞气息。新年的第一个活动是互相祝福，有关福的祝颂语、福的吉祥图以及各类民俗活动，可以统称为"开岁百福"，作为新年的祝颂语，意思是新年到来，各种福分也随之到来。《开岁百福图》亦因此成为艺术家们创作的题材，既洋溢着贺岁喜气，又不失真情雅淡之致。张大千、张善孖兄弟曾在除夕守岁时绘制过各种类型的《开岁百福图》，每幅画都配以题款，送给至交，祝颂新春。

一、悠远的祭祀，光大的祈福

祭祀起源于悠远的混沌年代。"国之大事，在祀与戎。"可见，祭祀活动是先民社会生活中极其重要的一种礼仪性、制度性的规范。祭祀的主要功用不外消弭灾祸、祈祷丰年、富贵寿考、子嗣兴旺、宗族显赫等等。其中的祈祷丰年，简称祈年，北京天坛有祈年殿，非常有名，无疑是传统祭祀行为在政治、社会等生活中不可或缺的一个佐证。

"天神称祀、地祇称祭、宗庙称享。"就是说，除了祭祀神灵之外，还要祭祀祖先。祭祀的名目不一，规格各异，但有一点是必不可少的，即祭祀须用酒，酒是先人用来与上天沟通的媒介。《诗经》中有大量以酒祈福的描述，如《大雅·既醉》就是一首关于祭祀之后饮酒祝颂的诗。诗云："既醉以酒，既饱以德。君子万年，介尔景福。……其胤维何？天被尔禄。"大意就是周王诚恳地向上天表白以德约束自己与臣民的饮酒行为，以求上天赐予大福大禄。从中也能隐约看出，周王已经意识到上天赐予福祉是有条件的，即必须以"礼、德"规范自己的行为，进而演化为"明德慎罚、敬天保民"的民本思想萌芽。

◎《清俗纪闻》之家庙祭祀之图

《周礼·膳夫》曰："凡祭祀之致福者。"也就是说，"福"字的原始意义还有表示祭祀用的祭品之意，后世遂将祭祀用的供品称为"福物"或"福食"。如宋代南安九日山祈风典礼活动结束后即"散胙饮福"，乃至于皆大欢喜。人们认为，祭祀过神灵的供品最有福气，因而争相分享，甚至发扬光大，比如一些地方甚至演化出抢福习俗，至今仍以与时俱进的方式存在着。

《说文解字》解读"福"字说："福，祐也，从示，畐声。""示"本义为祭台，"福"就是祭祀后得到保佑的意思。《左传·成公五年》载，赵婴梦见上天派使者对自己说："祭余，余福女（汝）。"你祭祀我，我降福给你。《左传·庄公十年》载："小信未孚，神弗福也。"这几处提到的"福"字，显然都是上苍保佑的意思。

史载，先民的祭祀活动是极为隆重、极为庄严、极为虔诚的，祭祀之目的诉求也极为直白。《诗经·小雅·楚茨》描写了周王率王室子孙祭祀神灵与祖先的盛况。从诗中可见，由于粮食大丰收，仓廪饱满，因而酿酒祭祀祖先，"报以介福，万寿无疆"。

祭祀祈福如文化因子深深地流淌在中华民族的血液之中，成为

第四章

祈福中的美好心愿

117

◎ 宁德市畲族传统祭祀祈福仪式——起洪楼。起洪楼，即直接叠桌为楼，要越高越好，
俗称"九层洪楼"，将近 10 米高。然后，技师在上面舞蹈，以祈求风调雨顺

一种生活规范而不可分离，可谓逢节必祈福。如春节祝福，又称作福，
作年福，作冬福，就是"岁落谢年、谢祖神"的意思；岁终，家家
必祀年神，送神而后，合家团聚饮食，名曰散福。祝福除了报谢祖
神保佑一家过去一年平安外，更重要的是对来年幸福的祈求。福建
各地祈福习俗五花八门，蔚为大观。比如福鼎市"做福"的习俗沿
袭至今——在城乡，老百姓仿效春社的做法，集资宰杀猪、羊、牛
祭祀神祇。福鼎还有由"做福""吃福"而拓展成固定的"祈福"节
会活动的，如店下镇溪美村的"六月六"祈福会习俗，其用意都在
于禳灾祈福。南靖县书洋镇一些村庄有"春福""秋福""冬福"习俗。
宁德畲族有一传统的祈福习俗起洪楼、跳巫舞，很是惊险。

　　福建的福神信仰习气特别浓烈，王审知开闽以来，福建崇文重
教风起，另一方面闽越人崇信鬼神的传统基因强大，故福建各地宫
庙林立，神灵众多，动辄祈求神灵保佑，渐趋沉淀为具有福建地域
特色的祈福活动。比如，在福州地区，供奉的果品中少不了福橘。
福橘产于闽江下游两岸，大而红，很有吉利气氛。据《清稗类钞》载，
清宫皇帝过年赏赐，有时有福橘、广柑等。福州过年习俗中有吃太

◎ 福州晋安区元宵灯会场景

◎ 清水祖师信俗之迎春巡境活动

平面的习惯，就寓意年年平安；"迎春四味"中有红年糕、白年糕、菜头粿、肉丸等，菜头粿寓意好彩头，肉丸取"禄"之意。至于民间各类接财神、游神赛会、择吉祈福等活动就难以计数了。元宵节的外婆送灯习俗，寓意添丁之意，期望多子多福。

连江县横槎村张氏清代家规载，元旦值年，"福首"（主持祭祀者，在族人中轮流担当）要虔诚地备好香烛、箔炮、酒菜、福橘等，整齐地摆放在神龛之前。合族大小，整肃衣冠拜祖。祭毕，"福首"将福橘分给众人，一人两个，60岁以上者与有功名者再添两个，意为一年吉庆。

神仙信仰是中国百姓极富特色的文化创造，积淀了中国传统文化的诸多要素，其文化价值不言而喻。福建民间神祇文化的氛围非常浓厚，地方神灵众多，经过历史的积淀，这些神灵已经成为民众心中的吉祥神。民间信俗中的神，生前多是为百姓行医治病、祈雨禳灾、慈悲济世之人，如妈祖、保生大帝、清水祖师、临水娘娘、康仙祖等。

游神，或称圣驾巡游、游老爷、迎老爷、游菩萨、游神赛会、年例、迎神、迎年、进香、菩萨行乡、抬佛、抬神像、神像出巡等等，是指人们在新年期间或其他喜庆节日里，又或诸神圣诞的这一天，到

◎ 妈祖祭典场面

◎ 福州梁厝游神情景

神庙里将神像请进神轿里，然后抬出庙宇游境，接受民众的香火膜拜，寓意神明降落民间，巡视乡里，保佑合境平安。

福州元宵节期间，民间游神活动很是热闹。闽侯、连江、长乐等地的游神风俗，各有特色而又彼此关联。莆田、闽南等地的"妈祖绕境"场面震撼。龙岩连城的"游大龙""走古事"等活动也极为壮观。至今，福建民间大量保存着春祀秋尝、春祭秋谢（作秋福）传统，极具地方特色，如三明宁化客家的"轿封、过样、偷青"，宁德霞浦的"阿公走水"，漳平的"迎仙妈"等习俗都是百姓为祈求风调雨顺、国泰民安而举行的。各类游艺习俗中的舞龙、舞狮、采茶灯等习俗都寄予了民众对生活的美好期盼。

随着时代发展，传统祭祀中的许多优秀因子得以传承，国家级的祭祀如清明节公祭轩辕黄帝典礼、公祭大禹陵典礼，程式严谨，肃穆庄重。祭孔大典、妈祖祭奠等国家级非物质文化遗产活动也各具特色。民间祭祀活动也开展得红红火火。祭祀祖宗的活动规范严谨，祭祀仪式、祭文、祭品等以及宣读祭文不可缺少。

二、祈得顺风好远航

宋廷倡行"通洋裕国"之策，宋以来，福建海外贸易繁盛，海外商贸船只频繁往来。时人有"州南有海浩无穷，每岁造舟通异域"的表述。这里的州，是指泉州。南宋末年，泉州已成为"涨海声中万国商"的中国第一大港。而当时的远洋航海，限于生产力水平，必须依靠季风，所谓"北风航海南风回"。海上波诡云谲，船覆人亡的海难时有发生。航海者在碧海掣鲸中也积极寻找各种神灵作为精神支柱，希望神灵来保佑航海的安全。于是，为祈求顺风顺水和航海安全，至迟北宋初福建民间祈风习俗已经普及了。惠安、莆田、金门等地庙宇就载有"海商祈风，分帆南北"的零星信息，官方的

祈风活动此时也渐趋制度化。

"舶之至时与不时者，风也，而能使风之从律而不愆者，神也。"在泉州，每年春夏之交与秋冬时节，泉州府要举行祈风与祭海活动。祈风仪式在九日山南麓的延福寺通远王祠举行，敬祭海神通远王，祈求赐予顺风。仪式由市舶使主持，参与者有地方官员、南外宗正，以及中外商人，活动过程庄严隆重。过程中要宣读《祈风文》。据曾在市舶使任上的福州人林之奇载，内容有"愿以风卜，商舶之愆，亦某之福"，"民享利泽"，海神保护，顺风行舟，一日千里。祈风典礼结束后还"散胙饮福"，即分享祭祀品。

祈风是庄重之事，礼毕登游九日山，并勒石记事，把祈风的经过镌刻于石上。至今九日山保留着祈风石刻十多方，文字简练精绝，但时间、地点、参与人物等要素齐全，是研究泉州港海外交通的第一手资料，为现存我国古代海外交通史独一无二的石刻。如"遵令典"，

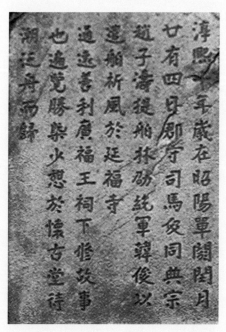

◎ 泉州太守司马伋会同典宗、提舶与统军等官员到延福寺侧的通远王祠举行遣舶出海的祈风典礼后，遍览九日山胜迹，然后待潮泛舟而归的纪事石刻

◎ 泉州通判代理泉州太守兼提举市舶方澄孙在宝祐
六年（1258）四月率领僚属祈风于延福寺兼以祷
雨，典礼才开始，甘霖随至，于是刻石纪事

意即遵照法令，说明祈风是官方正式的制度；"修故事也"，说明祈
风是由来已久的制度；"待潮泛舟而归"，说明宋时海潮可直达九日
山下，参加者可乘船而返。记载冬季启航祈风的石刻有 6 方，记载
夏季回航祈风的有 3 方，还有 1 方同时记载了一年两季的祈风之事。
碑文中记载的历次参与祈风活动的市舶司官员共 9 人，泉州地方军
政要员共 58 人，有 18 人为皇族。两知泉州的真德秀曾主持祈风仪式。
点明祈风乃"国有典祀"，均证明祈风在南宋已是国家祭典……这些
题刻上至北宋崇宁三年（1104），下至南宋咸淳二年（1266）。

　　真德秀首知泉州时，目睹海外贸易管理混乱，地方官吏肆意盘
剥海商，致使每年进入泉州港的海船寥寥无几，严重侵蚀了朝廷税
收，于是大刀阔斧整顿吏治，打出一系列组合拳，如礼遇蕃客，犒
设舶商，动员军民严厉打击海盗。当时，南外宗室之后参与海盗行为，
真德秀怒不可遏，不给面子，严惩不贷。真德秀还积极为在剿灭贼
人中勇敢作战而殉难者作文祭奠，上奏请功。经过真德秀的勤勉治理，

第四章

祈福中的美好心愿

泉州港恢复了昔日的繁荣。绍定五年（1232），真德秀再知泉州，站在洛阳桥上自然想到前贤蔡襄，不自觉地发出"诚意正心、克己励行"的誓言。听闻真德秀莅临，百姓引颈相望，迎者塞路，刘克庄闻之感慨，"泉人毕竟修何福，消得西山两度来"。西山，是真德秀的号。

在百姓心目中，一个好的地方官，就是人间福气啊！真德秀就是这样一个好官，他总结为官之道在于"廉、仁、公、勤"。廉为第一节操，次要"以仁为本"，即爱护百姓，公平公正，不徇私枉法，朝夕孜孜，唯民事是力。

作为南宋著名的理学家，真德秀在泉州任上施政不乏朱子理学色彩，他发布劝谕文、劝孝文等谕官文等。他反对厚葬奢侈浪费，说："欲为亲祈福，岂若捐金谷以济饥贫，有若施药施棺，无非美事，倘能行此，福报自臻。"也就是说，做好事做实事，自然有福报。真德秀注重民生，强调"养民理财，泽及西民"，遇到灾年，应蠲免税租，与民休息。

三、与海的约定

福建枕山卧海，先民以海为田。唐宋元时期，福建航海和海上贸易相当发达，泉州是中国第一大港，享誉世界。明清时期，福建民众乘船泛舟，跨洋过海，大批向台湾地区和东南亚移民。近代，福州、厦门都是对外通商口岸，成为中国对外交通重要枢纽。渔民和航海者平日出没于喜怒无常的大海之中，随时都有可能发生船覆人亡的悲剧。明末卢若腾《哀渔父》写道："哀哉渔父性命轻，扁舟似叶泛沧瀛。钓丝垂下收未尽，飓风乍起浪纵横。月落天昏迷南北，冲涛触石饱鲸鲵。是时正值岁除夜，家家聚首醋酒炙。唯有渔父去不归，妻子终宵忧且讶。元旦江头问归舟，方知覆溺葬东流。二十余舟百余命，妻靠谁养子谁收！人言岛上希杀掠，隔断胡马赖海若。那料

◎ 《妈祖传说故事图》

海若渐不仁，一年几度风波恶。风波之恶可奈何，岛上渔父已无多。"
为了祈求一帆风顺和化险为夷，福建地区的海神信仰特别强烈。除
了崇拜四海龙王外，还创造了许多具有福建地方特色的航海保护神，
如福建泉州通远王海神庙，晋江真武海神庙，莆田的灵感庙、祥应庙、
大蚶光济王庙，福州的演屿庙，闽清的武功庙所供奉的神灵都有平
定海道风涛、保护航海一帆风顺的职能。

在福建乃至衍播至世界各地，影响最大的海神是妈祖。妈祖，
莆田湄洲屿人，原名林默娘，相传生于宋建隆元年（960），卒于雍
熙四年（987）。传说妈祖生前能"预知人祸福"，身后被当地人奉
为神灵，建庙祭祀。北宋时妈祖信仰得到朝廷认可，并迅速对外传播。
南宋时，妈祖先后被赐封各种封号达十四次之多，封号的等级也从

"夫人"一直晋升为"妃",从而确立了海神地位,各地纷纷建立妈祖庙。妈祖庙不但在莆田有很多,而且分布在东南各省。如霞浦松山妈祖天后行宫,就始建于北宋天圣元年(1023),历史上有很多别称,"妈祖行宫""靖海宫""阿婆宫",据说是继湄洲妈祖祖庙之后的第一个天后行宫,素有"行宫之尊"的美誉。

宋以降,凡是朝廷与航海有关的活动都要祭祀妈祖,以祈求平

◎ 武夷山星村镇天上宫

安。元时，大运河再次疏浚，南北货运畅通，妈祖也成为漕运的保护神，得到朝廷的大力扶植，妈祖信仰传到北方，辽宁营口、天津、山东烟台等地先后出现妈祖庙宇，都是按照福建的标准建造的。至今，在全国沿海、沿江河的不少地区都还可见妈祖宫庙。武夷山星村镇的天上宫据说是闽北一带最大的妈祖庙，庙中有一副对联："地隔湄洲虹桥可接，门临曲水鹤舣常留。"心仪湄洲妈祖祖庙的虔诚苍天可鉴。每年正月初一，九曲开排船工均来此上香祈求平安。

明代，妈祖除了庇护海上渔船、商船外，还常常为朝廷的使节和水师等航海者护航。明末清初，福建、广东沿海百姓移居台湾以及明清册封使的船上都奉祀着妈祖神像，以保佑船只平安。官船开航之前举行隆重祭祀仪式，返航后官员详细著录天后显灵应事。

由于妈祖的形象颇具慈母色彩，是一位有求必应的海上守护女神，不但民间祭祀信奉妈祖，朝廷也派大臣礼祭，并且载入国家祀典，妈祖的封号直至"天上圣母"。福建航海活动涉足之地，皆有妈祖信仰，从福建，而全国，再日本、东南亚等地，而闽台是妈祖信仰的中心区。随着福建商人辗转内地，妈祖信仰也被带到了一些内陆山区，妈祖崇拜进一步光大，妈祖已经成为人们心目中一位无所不管的神祇了。龙岩新罗区大池乡南燕村天后宫有楹联："慈意恩波荣昌海内，丹心浩气施福东瀛。"

在福建，千百年来人们一直信奉妈祖扶危济困、福佑众生，沿海地区一些渔民春节过后第一次出海时都要到当地的妈祖庙占卜择日，求得平安符。佳期确定后，渔民要将神庙中的香火带到船上。福建渔船规模稍大者都设有神龛，奉祀妈祖，小者贴平安符，有的也同祀关帝。出海之日，渔家要备三牲，带香烛、金箔、鞭炮等物到海滩上祭神，由船主烧香跪拜，祷告神灵保佑顺风顺水、满载而归。祭祀礼毕，带些香烛、纸钱上船，以备途中祭日使用。下海捕鱼期间，每逢初二、十六，渔民在船上还要"做牙"祭神。海上气候变化多端，一旦风起浪涌，渔民们一边收网返航，一边跪求妈祖显灵解难。出海打鱼，短则数天，长则个把月甚至数月，前景难卜。渔船满载而

祈福中的美好心愿

◎ 郑和下西洋邮品

归，亲人们便欢天喜地聚集在岸边，燃放喜炮，迎接远航回港的渔民。卸完货物，船主要备三牲、香烛、纸钱、鞭炮等供品，去妈祖庙酬谢神灵，俗称"送福礼"，有的船主在家里设有神龛，还愿妈祖，感谢航海过程中天神庇护。如今，妈祖祭礼更多地与现代文化生活结合起来，2022 年的连江开渔节，渔民们敲锣打鼓护佑妈祖金身出巡，载歌载舞，畅想海洋经济大发展的未来。

海边人的生活与妈祖信仰密不可分，并形成独有的信俗。比如，霞浦的松山半岛，端午节龙舟赛当然是要在海上举行的。海滩上的盛事开始之前要有隆重的"妈祖走水"仪式，即龙舟上的龙首要被抬到天后行宫朝拜妈祖，打理清洗，系上红绸带，再重新安装到龙舟上。然后众人抬着妈祖神像绕村一周，一路上鞭炮震天，民众恭迎，随后到海边，把妈祖神像抬上停靠在岸边的彩船上。彩船沿村庄绕行三周，此时只见四条龙舟从妈祖神像的正前方缓缓驶来，形成"四海龙王朝圣母"的盛大情景，顿时鞭炮齐鸣、锣鼓喧天，祈求平安。

郑和下西洋以及福建的海洋活动大大推动了妈祖信仰在海外的传播。郑和七次下西洋，每次都在福建长乐太平港候风放洋。郑和下西洋凡三十余国，涉沧溟十万余里，"云帆高张，昼夜星驰，涉彼狂澜，若履通衢者，诚荷朝廷威福之致，尤赖天妃之神护佑之德也"。据载，船队航行中遇险，天妃灵光一现即可化险为夷。福建还为郑和船队供给各种物资。首先是军需品。郑和船队规模庞大，船只众多，仅维修船只一项，就需要大量的木材，建造更不必说了。闽江上游是重要的木材产地，闽北木材可以沿闽江顺流而下，为船队建造、维修提供大批木料。郑和船队在长乐太平港休整期间，船上的火器、弓弩、刀牌等兵器多由福建都司辖下的三个"成造军火器局"提供。其次为日用品。郑和船队出征人员多达二万七千人，在太平港驻扎时要消耗大量粮食；出征后还要带上足够两年使用的粮食、盐、糖、油、酱、茶、酒、烛、炭等等。这些物资相当一部分是福建地方提供的。最后为交换品。郑和下西洋还肩负着商业贸易的使命。船队携带大量中国特产商品，换回宫廷所需的香料、犀角、胡椒等稀缺品。据载，郑和船队带有丝织品、印花布、瓷器、铜铁器、雨伞、草席、樟脑等 40 多种商品，其中不少商品是福建特产，显然要在福建置办。

四、闽台民间乞龟摸福习俗

乞龟摸福活动，在闽南以及澎湖等地至今仍存。每逢节日来临，当地一些寺院宫庙往往举办盛大的灯会，就是乞寿龟活动。在巨大的桌上，摆放着许多由糯米粉蒸制的大小米龟，俗称"寿龟"，其中最大的可达数百斤。除了供神之外，这些寿龟还为参与者提供乞龟摸福的机会。当地民众认为，元宵节能够摸到大米龟的头，就可以延年益寿，长命百岁。因此，每当元宵灯会来临，人们纷纷涌入宫

◎ 乞龟摸福习俗

庙乞龟摸福，祈求幸福长寿。民众乞得寿龟后往往要许下心愿，祈求幸福、平安和长寿，因此这些供奉的寿龟既有新蒸制的米龟，也有上一年乞龟者今年来还愿奉还的。

澎湖民间元宵节"乞寿龟"习俗，同样流传久远，名闻遐迩。据清代举人林豪《澎湖厅志》引清代澎湖通判胡建伟《澎湖纪略》载："各庙中张灯，男女出游看灯。庙中扎有花卉、人物。男妇有求嗣者，在神前祈杯，求得花一枝或面龟一个回家供奉。如果添丁，则明年元宵时倍数酬谢。"经过一百多年的演变，如今乞龟习俗已不仅仅是民众求子的一种寄托，更多的是祈求平安幸福和健康长寿。每年元宵节，澎湖民间都要举行"乞寿龟"活动。这时各宫庙供乞的各种寿龟多达千只以上，包括米龟、金龟、面线龟、米包龟、发糕龟、活龟、金钱龟等。当地乞龟活动规模较大的寺庙，有马公天后宫、三圣殿、上帝庙、锁港北极殿，以及赤龙德宫和外垵温王庙等。

乞龟的方法如下：民众前往有关宫庙相中罗列的米龟，燃上三炷香敬告神明，然后掷杯请示神明获准。如获成杯（一阴一阳），则将香插在龟背以示"名龟有主"。在向庙方登记后，将龟迎回家中供奉。仪式过后，可将"大米龟"拆散，分送亲友"吃平安"，唯独"龟"的头部不能施与他人，要保留自家祈愿自享。到来年元宵节，必须做一只更大的米龟送回庙里酬谢神灵。台湾云林县的寒林寺和泰安宫是由平和县山格村的慈惠宫分灵出去的，海峡两岸这三座同根同源的庙宇，信众们都将乌龟奉为长寿的信物，两岸民间亦流传类似的摸龟祈寿祈福习俗。近些年来，他们多次联合举办"闽台乞龟民俗"活动，吸引两岸许多民众参与。

　　闽台民间类似的乞龟祈福祈寿习俗，在许多地方长期流传。如一些民众在做寿诞时，往往以木刻龟形印模印做的米粿分送乡邻，称为"龟桃"，祈福祈寿的民俗含义十分明显。福州、泉州、厦门、莆田、漳州等地民间男孩满月，外婆家往往要送来一种用糯米做的龟形红米粿，俗称"送龟"，以祝孩童健康长寿。父母做寿时，已出嫁女也要送龟形米粿来祝寿，祈祝父母长寿。泉州、晋江以及金

◎ 澎湖米龟

门等地的"龟甲坟",墓体形同龟甲,俗称墓龟,以象征子孙后代兴旺发达。此外,一些地方在建造房屋乃至安置新床时,有将活龟埋于房基或垫在床脚的习俗,意在祈求吉祥如意、健康长寿。凡此种种,都显示了人们祈求延年益寿的传统祈福意念。龟在闽南语中的发音与"贵"谐音,因此民间也将其视为象征"福禄寿喜财"的吉祥物。

中国民间传统认为,龟属四灵之一,同时又是四灵中唯一存在的动物。从有关记载看,至迟在商周时期,它就被世人所神化。《史记·龟策列传》说:"龟甚神灵,降于上天。""生于深渊,长于黄土,知天之道,明于上古。游三千岁,不出其域。安平静正,动不用力。寿蔽天地,莫知其极。"至于著名的河图洛书传说,神龟也在其中充当重要角色。《易·系辞》云:"河出图,洛出书,圣人则之。"高亨注曰:"伏羲时有龙马出于河,身有文如八卦,伏羲取法之,以画八卦。夏禹时有神龟出于洛,背有文字,禹取法之,以作画,即尚书洪范之起源。"《白虎通》则说:"灵龟者,神龟也,黑神之精,五色鲜明,知存亡吉凶。"由于其"知存亡吉凶",早在夏商时期,它就被人用以占卜。殷墟出土的甲骨文,就是先人龟卜的实例。龟的神化及崇拜习俗在上古时期已经流传久远,福建地区至迟在商周时期也开始出现灵龟崇拜的现象。1978年,在武夷山九曲溪的高崎岩洞中,考古人员取下一具船棺。棺中除了一具年约50岁的男性骨骼外,还有

◎ 龟形木盘,武夷山船棺墓葬出土,约商代晚期,福建博物院藏(福建博物院供图)

少量丝麻织品及一件雕刻形象的木质龟形盘。这件船棺中唯一的随葬品，被雕成龟形，四足而立，引颈向前，中间凹下如龟背，整体造型朴拙形象。这具船棺的年代据测定约在商周之际，距今约3800年，这也是迄今中国南方发现年代最早的与神龟崇拜有关的实物资料。汉晋以来，人们依然对灵龟的神性崇仰不已。民间不但崇拜灵龟的神灵，同时也流传一些灵龟传说故事。此外，随着佛教的深入传播，善有善报、因果报应等传说故事随之而生，大致体现在以下几个方面。

一是相信龟神有灵。如宋淳熙《三山志》卷三十六载："高盖山名山院，平盖里，文德元年置……室前有一石龟，旱祷必应。"由于民间相信石龟有灵，于是遇旱即往祈雨。因为"旱祷必应"，名山院前的石龟也被民间加以崇祀。明代黄仲昭《八闽通志》卷十记载顺昌县有一龟石，"在县北仙源郡，初隐于沙中。宋崇宁间，有术士云：'石龟见，朱紫满'。大观初，洪水推积沙而石龟见，自是邑人登科出仕者寝盛"。石龟显灵之事被宣传得活灵活现。有些民众将石龟鸣叫认为是吉祥之兆。

二是受佛教影响的神龟崇信。黄仲昭《八闽通志》卷八说清流县灵龟岩，"旧传有僧见大龟于岩下，而心异之，因创庵以居"。清乾隆《兴化府莆田县志》卷一载："龟山……山如龟形……绍熙志曰：僧无了山行，遇六眸巨龟蹑四小龟俯首作礼者三，遂作庵于此。名

◎ 厦门博物馆藏"河图洛书"石雕

◎ 泉州开元寺龟趺座

其地曰龟洋，山前有六眸池。"佛教东传后，通过佛教文化善有善报、因果报应的说教，灵龟报恩的传说在民间逐渐流传。各地百姓视放生龟鳖等活动为善举，相信因此会得到善报，闽台各地许多寺院往往建有放生池以放生龟鳖。

三是崇信龟的长寿。自古以来，龟作为长寿的象征很早就为人所熟知。古人所谓的"千岁灵龟""寿蔽天地"等赞美之辞，既有对神龟的赞誉，也有对其长寿的向往。民间祝寿中最常见的贺词，往往也是"龟寿延年""龟龄鹤寿"等语。现代动物学研究表明，龟确是动物中的长寿者。据体外细胞培养的研究结果反映，乌龟细胞可繁殖 90~125 代，据此测算，其寿命可达三四百年。宋元以后，龟的灵性以及寿蔽天地的神性更为人们所景仰，民间将灵龟信仰作为一种传统文化习俗传承下来。闽台民间的乞龟摸福习俗，也属于这一传统文化的遗存。

五、高天厚土作大福

在方圆 12 万平方千米的闽山闽水间，有一个神奇又富有魅力的地方——龙岩。这里的奇山、秀水、民居、民俗、民风、名城、名

◎ 作大福场景

◎ 作大福场景

人，交相辉映，河洛文化、当地文化竞放异彩。客家文化中的作大福，以其隆重和神秘闻名。

作大福主要集中在永定金丰片区的"三坑一坪"，即湖坑、洪坑、陈东坑和黄龙坪四个地方，它们各具特色，又以"湖坑作大福"闻名远近，并被命名为闽西十大民俗之一。作福，原为君王、祖先或神灵给予奖赏、施恩赐福之意。《尚书·盘庚上》："兹予大享于先王，尔祖其从与享之。作福作灾，予亦不敢动用非德。"即现在我要祭祀我们的先王，你们的祖先也跟着享受祭祀。赐福降灾，我也不敢动用不恰当的赏赐或惩罚。宋代宋祁《宋景文杂说》："有所爱，能以得君之赏以贵之，是谓作福。"在客家，"作福"就是祈求神灵赐福，含有求神、许愿、还愿、祭奠、祈福的意思。"作福"既是富含客家特色的民俗活动，也是地地道道的客家俗语。

湖坑作大福在清康熙以前称为"打醮""酢福"，客家人祈求神灵赐福并佑护全境平安，体现了客家人崇尚美好的朴素愿望，属于民间庙会活动性质的风俗文化。相传明朝末年，瘟疫流行，死者枕

藉乡间。村中请道士打醮，无奈瘟疫依旧肆虐。一日，湖坑有五个小孩在河里洗澡，突然都跳起神来，一直跳到马额宫前，口中念念有词，说要请保生大帝来才可降服疫魔，而村民们必须先斋戒五日，九月十五日请保生大帝出宫。于是，村民们在重阳节后便开始沐浴斋戒。保生大帝出宫之日，村民们以三牲致祭，瘟疫果然得到控制。此后，为报答保生大帝禳灾救民的恩德，每年重阳节后，村民们敬神演戏，以谢神灵，甚是隆重。先是每年作一次小福，但随着时代发展变化，福的内涵及人们祈求的愿望在不断扩大，老百姓对所祈之福，已经从初始的祈福求平安、护佑一境生灵的愿望，扩展到了求财、求丁、求姻缘、求事业等等方方面面的"大福"。于是，湖坑等地从清乾隆三十五年（1770）开始作"大福"，这一民俗，至今已延续了250多年，80多届。

作大福十分隆重。人多，场面大。一番大福结束，一个紧要的事项便是推荐下一番大福的"头家"。各村都推荐那些经济条件较好、有名望的人去争当"头家"。各村的"头家"确定后，在他们中间再以"抓周"的方式选出总"头家"。这样，下一轮作大福的组织机构便产生出来了。

每到作大福之年，活动时间都定在农闲季节，一般是在秋末冬初，有的乡村定在农历四月初八，有的乡村定在农历十月十四日，湖坑则历来定为农历九月十一日至十五日。每到这时，"头家"便早早分工筹划，有的联系戏班，有的筹集经费，有的布置场地。作大福的经费来源有三：一是按人口和灶头分摊；二是自愿捐助；三是由"头家"垫付。资金若有盈余，则购置公物或扩大庆宴，抑或存留下届添用。每位"头家"至少要养一只大肥猪，以供祭祀、招待宾客等。重阳节前，"头家"们便组织人力清理作大福的场地，搭神厂、戏台，筹划迎神的各项事宜，家家户户都在打扫卫生，准备各种斋果供品。由于忙于作大福，湖坑甚至把过重阳节也省略了。

从九月初十开始，人人斋戒五日，家家素食。农历十一日辰时，各村村民抬着"公王"（土地神）牌位，相继汇集到湖坑集市西南边的马额宫庙。这里风景宜人,两条清澈的山溪交汇于庙前,庙后的山,郁郁葱葱,状如马额,庙中主供"康太保刘汉公王"神位。九时许,"砰、砰、砰"三声铳声响彻云霄,标志着这届作大福序幕开启,各路"公王"依次起轿上路,前往神厂,也称大福场。霎时,鼓乐、火铳、鞭炮齐鸣。队伍浩浩荡荡,旌旗招展,人群熙熙攘攘。抬神轿的年轻人,黄衣蓝裤,扎红腰带,裹红头巾,一摇一晃地前行。行阵中,大旗最壮观,旗杆是碗口粗的大竹,足有三丈高,旗分红、黄、白等颜色,旗上画着各种祈福图案,旗杆的顶部系两条粗绳,由专人牵引。扛旗的也一律是壮硕的年轻人,三五人举一杆旗,领头的叫声"一二三",大家擎起大旗疾行数十步,扯旗尾的,拉粗绳的,前后跟着跑,旗才能飘起来,这样的大旗有20多杆,中小旗帜则不可胜数。

各村还有"装古事"。装扮古事中的人物,如扮"桃园结义""八仙过海"等等,都是经挑选的标致伶俐的男童女童装扮。他们有的坐"轿",有的乘"船",有的骑"马",有的驾"车"。这"轿""船""车""马"制作十分考究,纹饰华美。各村也都选出健壮的后生抬着,意在展现各村的人才与技艺。铳队、锣鼓队、舞狮队,鼓乐喧天,旌旗飘扬,人流如潮。看热闹的挤在路旁,爬上大树,登上山墩。最后成千上万的民众都聚集在了作大福的大福场。

大福场搭建在西片村中心坝的空地上,村民们先在空旷地临时搭建宫殿模样的神厂,神厂前修建一座巨型牌楼作为大门,牌楼两边各竖一根20多米高的木旗杆,分三节按石旗杆一样建造,顶上插各色旗帜。东头是神台,神台中间置一屏风,此屏为清朝皇帝所赐,弥足珍贵。屏前为"康太保刘汉公王"和"保生大帝"诸神的神位。西头搭起一座大戏台,南边是吹唱班和木偶戏演出的场所。中间是个大供场,摆着几百张的八仙桌,非常壮观。

上供是作大福的主要活动,众"公王"到了神台落座后,人们便开始上供,农历十一日至十四日是素斋供。人们穿上新衣,家家户户到大福场摆香案,案桌上摆满糖果、糕点、水果、米斋团等,

◎ 作大福场景

造型五花八门，有塔形、方形、圆形、山形、莲形等。因户数多，按村轮流，每村半天。

祭祀开始，铳声、鞭炮声与乐声等先渲染气氛。"头家"和执事者们身穿蓝色绸缎长衫，头戴黑色礼帽，各居其位。司仪（也称喊班者）不仅声调要高亢，还需婉转，而且咬字必须拖音。主祭者三拜九叩首、平身、进香、上供品、诵祭文。祭文为古文，没有标点，极为考验诵读者的水平。

农历九月十五日，保生大帝出宫，是作大福的高潮。相传保生大帝本名吴夲，宋时是闽南一带家喻户晓的救世名医，一生扶贫济困，拯救无数生灵，在一次进山采药时不慎坠落山崖而亡。后闽地百姓感其救苦救难的恩德，或画像或雕其像或摆神位加以祀奉纪念。南宋绍兴二十年（1150），其家乡民众在白礁山立神庙，加以醮祭。当地人每当遭遇苦难，便会感念吴夲神力以拜祭之。明洪武五年（1372），朝廷敕封吴夲为"昊天御史医灵真君万寿无极保生大帝"。此后，每当生存环境恶劣、遭遇灾难或流行瘟疫疾病时，闽地百姓都会举行祭祀保生大帝活动，祈求保生大帝的佑护和救济。拜祭保生大帝逐渐成为闽粤广为流行的一种民俗和信仰活动。十五日一大早，从坎市迎来的保生大帝神像一进入湖坑，就受到了隆重的礼遇。在前往大福场的路上，迎接的喇叭、唢呐、大鼓、锣钹，吹打不停。保生大帝神像一进大福场，场面就更为热烈，"三把连"的土铳震耳欲聋，鞭炮声此起彼伏。

这天的斋祭，由各村同时上供，主供的全猪、全羊等供品是"头家"们筹办的，供桌上摆满了猪头、肝花、鸡、鸭、鱼、酒、糕。客家妇女在此大显身手，上供的鸡鸭各有不同的造型，盘中的米饭堆垒得像宝塔，杂色的糖果在盘中拼出福禄寿全之类的吉祥句子和图案。戏班表演更是日夜不绝，有木偶戏，有大戏班演出汉剧、芗剧、白话戏等。有的村请多班戏演出，谓之"斗台"。大福场上，有敬神的、看戏的、凑热闹的，有卖肉圆、肉片汤、绿豆汤等风味美食的，还有卖谷麻糖、麦芽糖、芝麻糖、花生、瓜子等小吃的。

祭祀活动后，各家各户便将自己带来的供品收回，中午开始大摆宴席，热情款待来自各方的亲朋好友，客人越多福报越好。晚上，还举行送灯（丁）仪式，由乐队分头把灯送到贺灯者家门口，贺灯者燃放鞭炮接灯。

九月十六日上午，举行隆重的送神仪式，人们欢天喜地地将各村的神灵恭送回原处神坛安奉，这时才宣告作大福圆满结束。

如今，随着时代进步，作大福这种古老的风俗也逐渐增添了新内容，成为人们庆贺风调雨顺、国泰民安、家家幸福的主要形式，成为增强乡民友爱亲情的重要途径，成为港澳台同胞及海外侨胞回乡寻根谒祖的特殊纽带，这些正是作大福在民间流传不绝的生命力之所在。作大福不仅是民俗奇观，更是客家人向往美好生活的真情祈福。

第四章

祈福中的美好心愿

六、"闹春田"祈福盼丰收

在宁化，福文化浸润在街头巷尾、乡间村落，根植于客家人的衣食住行里，渗透在客家人日常生活中。在宁化传统古宅、祠堂庙宇、楼阁庭院、屋桥茶亭、宴席礼俗……随处遍布福文化的密码，无不折射出宁化客家人的生活观、价值观和幸福观。而在宁化客家祖地春节习俗中有一种鲜为人知的习俗，那就是正月初七石壁镇陈塘村的"闹春田"（当地亦称抬"五谷神"）。这种传承几百年的罕见的民俗"福"蕴丰盈，让人眼界大开，趣意盎然。

"闹春田"时，先是喧天的锣鼓声和鞭炮声，个个村民脸上写满笑意，户户八仙桌上摆满了烧卖、鸡、鸭、鱼、肉和各种腊味等客家美食，点烛焚香，敬祀神灵。

浩浩荡荡的游神队伍排子锣鼓开道，后面紧跟着舞龙队、古事队、花船，而后前后4个客家汉子抬着金身闪闪、慈眉善目的"五谷神"菩萨，伴随着锣鼓的节拍缓缓前行。村道两旁人山人海，巡游队伍走田间、进万家，给村民带去新年的问候与祝福。

游完村庄，便开始"游田"了。这比"游村"更为热闹，更为精彩，更为有趣。巡游队伍来到一丘新犁的方形水田里，一位长老大声悠长地吆喝道："恭请'五谷神'下田！"此刻锣鼓四起，鞭炮齐鸣，礼花绽放，4名客家汉子便迅速抬起"五谷神"菩萨，跳下田埂，冲进水田，和着鼓点节奏，在烂泥田周边狂跑飞奔。接着30多个客家小伙子尾随冲下田去，抓起一把把烂泥互相对掷取闹。摔泥巴、泼泥水、摔跤打斗……小伙子们纷纷追赶着抬菩萨的人。见有人摔倒了，旁边的人就会迅速上前接力，抬起菩萨继续狂奔不已。有的满脸泥浆，有的成了泥人……尽管如此，他们还是兴高采烈，戏耍不停。水田中打闹的人情绪高涨，沉浸在无比欢快之中；田岸边围观的人群也激情满怀，欢声笑语，时不时发出啧啧的赞叹声。锣鼓声、

◎ "闹春田"场景

第四章 祈福中的美好心愿

掷泥声、喝彩声、欢笑声交织一起，水田一时成了欢乐的海洋。如此打闹十几个回合，大家全身泥污、筋疲力尽时才肯作罢，上了水田。他们坐在田埂上稍作休息，恢复体力后再战。直至抬"菩萨回宫"，才算游田结束。

民间认为，稻、黍、稷、麦、豆五谷之神是主管农事的，抬"五谷神"游田是为了保丰收。游田、打泥巴仗是为了让菩萨高兴，好庇佑地方风调雨顺、五谷丰登。所以，这种人"神"同乐，游田打泥巴仗时，无论踩坏庄稼、人倒神跌，都不介意，而是高兴。

闹春田习俗已有数百年历史，每年农历正月初七（庙会），即使刮风下雨都照常进行。村民们通过"闹春田"这番戏闹，迎接春耕生产的到来。

细究"闹春田"之俗传承主因有三：一是与信仰世俗化的佛教有关。佛教自唐五代传入宁化客家，距今已有 1000 多年的历史。民间信仰的主要对象是诸如老佛、二佛和吉祥大佛等世俗化的地方佛。而老佛、二佛在客家地区的主要职能是祷雨救灾、保禾（庄稼）护水。二是与宁化客家人，尤其是农民盼粮食丰收的心愿有关。客家先民谋生以"农耕"为主，他们日出而作，日落而息，一年到头在田地里辛勤耕种（主要是稻谷粮食），总希望粮食能丰收，能吃饱饭，过上幸福好日子。三是与宁化民间信仰地方俗神有关。宁化客家人对佛教的信仰基本上以生产、生活的实用功能为主，带有功利色彩。他们需要有能够保护农业生产丰收的地方俗神，而主管农事的五谷神（菩萨）正应了这种要求产生，因而得到信仰。

七、傩狮送福显威灵

蓝蓝的天空，掩映着青山绿水，任时光轻轻地流淌着一张张鲜活的笑容；古老的廊桥，联通了黑瓦白墙，凭岁月悄悄地铭记着一个个感人的故事。

农历三月三是畲族最盛大、内容最丰富的传统民族祭祀庆典活动的日子。畲乡人声鼎沸，鞭炮齐鸣，山歌嘹亮，舞姿铿锵。畲族山歌产生于民里乡间，是畲族先民们在长期的生产生活中逐步形成和不断发展起来的。演唱形式有独唱、对唱、二重唱、清唱和一领众合唱等。在悠扬回转、此起彼伏的歌声中，畲族姑娘身穿绣着各

◎ 傩面舞场景

第四章　祈福中的美好心愿

◎ 傩面舞场景

色花鸟图案的凤凰装，戴上银环、银链、银镯、凤凰簪，表演起极富民族特色的竹竿舞。

除了用来烘托节日欢乐氛围的竹竿舞，"三月三"还展现了一种祭祀祖先、镇邪驱魔、祈福纳吉的舞蹈——傩面舞，又称"打黑狮"。这是畲族极具乡土风情的传统武术舞蹈，是一种糅合了傩面舞与南狮演出的表演形式，也是畲族人民喜闻乐见的一种节日游艺活动，距今已有550多年的历史。据传，永安青水的原始岩洞中生活着一只青面獠牙似狮非狮的怪兽，当地人称之为"黑狮"，它经常出没于山林和村寨之间偷吃人、畜，后来发展到专吃童男童女。畲族先民忍无可忍，在族长的带领下，携带十八般武器与"黑狮"在林中展开搏斗，终于杀死"黑狮"。畲民们将"黑狮"的身子留在洞中，头却放入山涧。每逢村民聚集之时，则将"黑狮"头取出狂舞，以庆胜利，并以此来辟邪驱魔、祈福纳祥。久而久之，便形成了这种傩面打"黑狮"之风俗。

实际上傩面舞又称鬼戏，是汉族的一种古老的祭神跳鬼、驱瘟避疫、祈福纳吉的娱神舞蹈。在传统的中华文明中，"傩"是历史久远并广泛流行于汉民族中的具有强烈宗教和艺术色彩的社会文化现象。傩舞的起源与原始狩猎、图腾崇拜、巫术有关。周代时，傩舞被纳入国家礼制。先秦文献记载，傩舞是希望调理四时阴阳，以求寒暑相宜，风调雨顺，五谷丰登，人畜平安，国富民安。汉唐时宫廷大傩仪式隆重，并传入越南、朝鲜半岛和日本。北宋末期，宫廷傩礼采用新制，傩向娱乐化方向发展。《论语·乡党》中记载的"乡人傩"一直在民间延续，从未间断，并与宗教、文艺、民俗等结合，衍变为多种形态的傩舞、傩戏，在我国广大农村流行，以江西、福建、湖南、湖北、陕西等省遗存较多，各地分别有"跳傩""鬼舞""玩喜"等地方性称谓，一般都在节俗活动中表演。傩舞表演时一般都佩戴某个角色的面具，其中有神话形象，也有世俗人物和历史名人，由此构成庞大的傩神谱系，"摘下面具是人，戴上面具是神"。傩舞也被誉为"中国民间舞蹈的活化石"。

第四章 祈福中的美好心愿

畲族傩面舞吸收了汉族傩舞的表演元素，加入了本民族的神话传说和历史故事。每当节俗活动时，表演傩面舞的畲族兄弟都会身着傩服［傩服服饰一方面传承了汉族古傩"赤帻"（红头巾）、"朱裳"（红裙子）、"绿韝衣"（绿袖套）旧制，一方面又发展宋傩"绣画色衣"的特色，有红花衣裳制、红袍马甲制、花衫红裤制、戎服披甲制、戏曲服饰制等多种样式，以及畲族服饰的样式］，脚穿草鞋或光脚丫，腰扎红绸带，拿着铜铜、铁尺、双刀、双鞭、双钩、钢刀、剪刀、关刀、棍棒、长矛、金箍圈、大耙、狮鼓等十八般武器来到村头草坪，开始打"黑狮"表演。舞者戴上象征某种神祇的傩面具，有假面、神像、圣相、头盔、鬼面、脸壳等多种面具，古朴浑厚、夸张奇异、色彩亮丽、神鬼人兽，造型各异，反映了畲族文化的演变痕迹。傩面具的材料原为铜制，后多为樟木或杨木雕刻，色彩大俗大雅，表现了畲族民间艺人的精湛工艺和民族的审美情趣。

畲族傩面舞开始表演打黑狮前有一个仪式舞，舞者奔腾跳跃，舞姿激烈诡黠，气氛神秘而威严。傩面舞伴奏乐器简单，一般为鼓、锣等打击乐。仪式舞结束后，畲公舞动蒲扇和仙草边唱边跳地出场了，紧接着"黑狮"也出动了，它狰狞地向四处搜索，寻找猎物。这时勇敢的畲民手执兵器，一个一个冲上去与其搏斗，直到最后胜利。周围的人跟着欢呼、呐喊，整个畲村沉浸在胜利的喜悦之中。表演伴随着锣鼓的节奏动作粗犷，舞步奔放，感染力十足。人物性格泼辣与温和、风趣与端正，虽都隐藏在傩面具之内，却依旧活灵活现。由于流传年代和师承关系不同，表演风格也有所不同，既有以写意为主，动作舒展，舞姿优雅，古傩韵味犹存的"文傩"流派，也有以写实为主，动作强烈，节奏鲜明，融合武术技巧的"武傩"流派，不同的畲村，又因节目内容不同，表演各有特色。

畲族傩舞在漫长的传承和发展过程中，融合了多种文化历史元素，吸收了儒释道文化因子，借用了它们的礼仪制度，丰富自己驱鬼祈福仪式，同时扩展了傩舞傩戏的教育功能。傩面舞融合了神话传说，吸附了民俗文化，如宅院驱邪、傩服求子、傩舞祝寿等等。在民俗节庆中跳傩面舞送福迎祥、娱神娱人、联络族众、和谐邻里，畲民又将傩面舞与戏曲演出、灯彩游艺、民俗礼仪等结合起来，纵情欢愉，宣泄情感，满足了广大畲民对美好未来的期盼。傩面，也成为畲乡一种吉祥之物，成为勇猛、正义、喜庆的象征，赋予了辟邪镇恶、吉祥平安之意。

八、陪嫁福袋

巍巍锣拔顶，海拔 1537 米，是三明市区最高峰，横跨沙县区与三元区，山脚下的沙县大洛镇、三元洋溪镇以及沙县湖源乡、尤溪八字桥乡等地至今流传着陪嫁福袋习俗。一项福文化珍品隐藏在这片云雾缭绕的崇山峻岭中，沿袭了数百年。

婚嫁都讲究喜气福气，习俗却是五花八门，无一相同。锣拔顶四周的乡村，有一套不同做法，除了与各地大致相同的如"说亲看日子""出门与回门"等，在锣拔顶一带的婚俗里，好比诗眼之于诗歌，福袋是出嫁的核心祝福。母亲对福袋是提前准备好的，大多将母亲的母亲的母亲传承下来的福袋再传承给女儿，没有上辈传承的也要提前置备，新娘入门后把福袋挂在床头一个月或更久，然后置于箱底保存。

所以，如此慎重的福袋，既盛满了母爱，又承担往下传承的使命，制作必然是非常考究的。

2015 年，沙县大洛福袋刺绣被三明市人民政府列入第四批非物质文化遗产名录，成为陪嫁福袋的代表作。

大洛陪嫁福袋采用民间刺绣工艺。刺绣是中国优秀的民族传统工艺，《尚书》记载，4000 年前的章服制度就规定了"衣画而裳绣"，陕西宝鸡茹家庄西周墓葬 1974 年考古发现的辫子股针刺绣是传统刺绣的经典案例，宋代时期崇尚刺绣服装的风气逐渐在民间广泛流行，历代民间艺人传承延续，不断创新，逐渐形成了民间刺绣独特的风

第四章

祈福中的美好心愿

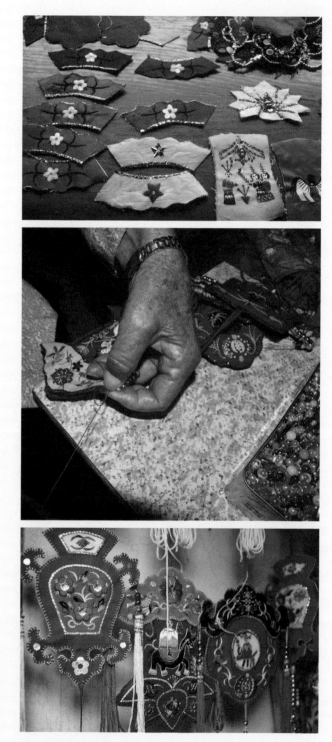

◎ 福袋刺绣

格和完整的体系。在男耕女织的时代，女子都要学习女红，而刺绣是一项基本的技能，它既是劳动妇女的分内工作，又是有闲阶层女性打发时间、追求精神寄托的重要手段。这门工艺在沙县大洛的留存反映出刺绣传统的深入和普及广泛。

闽绣由畲绣与汉绣组成，闽东一带畲绣特色浓郁，漳州刺绣属汉绣且影响广泛，福州、三明沙县一带流行的基本上也是汉绣。有专家认为，大洛陪嫁福袋刺绣继承了闽地汉绣传统优秀品质，针线缜密，色彩鲜艳，组合巧妙，构图大胆而不夸张，不求形似而重神采，融合了当地的风土人情与婚嫁民俗，表达了百姓对美好生活的向往和追求，具有浓郁的地方特色和较强的艺术生命力。

在大洛，制作一件福袋，大致需要 5 个步骤。首先是绣稿的制作，用纸板剪出福袋的大致造型，以纸板为底，将白布置于中间，接着把鲜艳的棉布摆放在上层，以木薯粉与热水混合调制成糨糊，将三者用糨糊黏在一块，用小板细心刮平，保证其平整，如此，绣稿的雏形就出现了。第二步是针线刺绣，选用普通的彩色棉线，多选择粉色、金色、黄色、绛紫色等色彩艳丽的棉线，使用最多的是代表幸福、吉祥、喜庆的红棉线，采用"上下平针法"在绣稿上绣好所需的图案和花饰。第三步是缝合绣稿，用多种颜色的棉线绣上各式图案后，再将两片造型相同的绣稿缝合在一起，福袋便成型了。第四步是材料装饰，在福袋边缘添加一些装饰材料，如小珠子、穗秧子、铜器、玉器等，如今，年轻人也会从网上购买一些漂亮实惠的工艺品来装饰福袋，传统工艺融入了现代元素，显得更加美观大方。第五步是填袋，往福袋里面装入吉祥物、需要传承的家族信息，或者铜钱、镜子、银饰、灵符等辟邪之物。

陪嫁福袋承载的祖先信息和生命祝福丰富且厚重，往往需要"一套"而不仅仅是"一个"。大洛陪嫁福袋类型主要有"镜子袋""君子袋""菩萨袋""瓶子袋"几种。所谓"镜子袋"，就是装有镜子的福袋。镜子是女性梳妆打扮不可或缺的物件，亦被视为镇妖辟邪的礼器。"君子袋"里装有祈求婚姻幸福的符，也蕴含着母亲对女儿

所嫁翩翩君子的祝福。"菩萨袋"装进神像或经文符号,内容是祈求菩萨庇佑。"瓶子袋"也装符,是祈求平安吉祥的福袋。一套陪嫁福袋一般由 3 个组成,其中,"瓶子袋"往往作为备选。三明市艺术馆保存的非遗资料有大洛陪嫁福袋传人多种作品,不仅有"新人骑马看月""小姐抛绣球""三口出游""女牵双胞胎"等画面感极强的图案,也有传统凤凰、"喜"字、比翼鸟、花草等人们熟知的吉祥图案,不管哪种都蕴含着母亲对女儿的祝福和爱。在典型的四件套作品中,"镜子袋"外形是在一朵葵花上端缝上一领短臂的翘脚帽翅,福袋中间留一圆孔,恰好可让袋内的镜子见光;"君子袋"酷似一件大写意的古代上装外形,"上领"和"下摆"的图案都是花草,所绣以君子兰为主;"菩萨袋"的内容最为丰富,上端绣一顶菩提菩萨帽,下端绣一朵吉祥莲花,图案绣的是"三人春游图",小姐在丫鬟的陪同下,带着孩子到郊外春游;"瓶子袋"整个外形就是一方瘦颈的盖口花瓶,中间绣饰花草虫鱼。

闽地汉绣作为中原文化流传于三明沙县一带,产生了独特的陪嫁福袋现象。陪嫁福袋是遗落在锣拔顶深山老林中的闽地福文化珍宝,承载的是先民吉祥信息,是伟大的母爱,是代代延续的生命祝福,是深刻而巨大的福文化能量。

九、踏浪鱼龙舞

据《福建通志》《福宁府志》《福鼎县志》等记载,福鼎县名来源于该县东部与浙江交界的福鼎山,按上北下南的方位惯例,福鼎县位于闽之上,为福建之"顶"。取福鼎之名,一为福气之鼎,二为福建之顶,既寓意祥瑞,又明示方位与闽地属性,实为高妙。以山为名寄托了吉祥有福的美好愿景。

正因为应了福鼎山,福文化在福鼎城乡充满活力,极具乡土地域气息的祝福祈福民俗内容丰富，影响面广。在众多的节庆、礼俗、庙会、祭祀等祝福祈福活动中，"做鱼福"是一项独特且悠久的福文化活动。

福鼎境内的祭海仪式，俗称"做鱼福"，流行于沙埕、秦屿、白琳、店下、点头等沿海村落。相传始于明末清初，以沙埕镇大白鹭村的普渡节为代表，分为祭海、放生、表演3部分。

每年的农历十一月十五日，大白鹭村都要举办祭海仪式，鲜红的地毯从祭台长长地伸向大海。此时，正是涨潮，海水不断冲刷着沙滩发出阵阵悦耳的声音。岸上、码头、船上到处张灯结彩，彩旗飘扬，一派祥和、热闹的节日气氛。旗一般分为5种类型：红绸或黄绸制作的绘有龙形的"龙旗"；从寺院中请来写有"令"字样的黄色三角"令旗"；红底黄字、上书船东或船老大姓氏的"船旗"；

◎ 双龙戏珠

◎ 铁枝传神

由红、黄、蓝、白、黑五色组成，表示多个自然吞同盟的"五色旗"；上书"一帆风顺""满载而归"等字样的各色"彩旗"。

上午十时，仪式正式开始，上百位祭祀者把盛满酒的海碗高举过头，又低首缓缓洒在脚下，渔民庄严肃立，激昂的号角冲破云霄。在激昂的升帆号中，在隆隆的大鼓声中，黄色的祭海旗迎风飘扬，五彩的礼花腾空而起。8位大白鹭村的老渔民，4人一组分别抬着全猪和全羊，缓缓走上面向大海的祭台，祭品放上台后，20位渔姑渔嫂们献上五谷、五果，寓意五谷丰登。按传统，主祭系老大或船东；辅祭或陪祭若干人，系船东亲属朋友，或有生意往来的老板客人；轮祭为同船或同村的渔民。祭者沐浴净身，主祭身着对襟黑、红相间色汉服、浅蓝龙（笼）裤、黑色圆口布鞋；辅祭或陪祭服装与主祭同；轮祭服装为普通酱黄色栲布上衣、下着龙裤。主祭在辅祭、陪祭的陪同下，来到祭台前，手执点燃的三炷香，面向大海，跪中央伏凳拜祭。辅祭、陪祭跪至主祭两侧和后排。在司仪着三叩首的号令中逐一行礼，礼毕将香插入香炉中，称一献香烛；由祭者将酒菜从帮衬者手中接过，递至头顶端过后放置于供桌上，称二献菜；然后由主祭向大海敬酒三巡，称三垫酒。

此时，司仪高声诵读祭文，诵读完毕，对锣长鸣，鞭炮连响，鼓乐大作，全体祭海人员向大海三鞠躬，渔姑渔嫂向大海行跪拜礼。祭祀的最后，主祭人、陪祭人带领上百位身着统一服饰的孩子，缓缓走向大海，将手中的鱼、虾、蟹等幼苗放归大海，表达了渔民取自大海、保护大海的传统理念。

"做鱼福"中还有一项重要的习俗，就是"打鱼灯"和"铁枝"表演。打鱼灯习俗始于清初，盛行于清乾隆至民国年间，"鱼"与"余"谐音，在传统习俗中它又被视为吉祥物，常用来比喻富余、吉庆和幸运，表达了人们追求富裕生活、憧憬家境殷实的良好愿望。人们将这愿望形之于更为形象直观的表达方式——打鱼灯，并由此形成极富海边渔家特色的民俗文化活动。

鱼灯表演一般由3部分组成：前面是牌灯或牌旗。牌旗有如古

◎ 沙埕铁枝

代的帅旗，上绣有鱼灯队的名称、祝词和精美的图案，是一件民间艺术品；牌灯多以龙门形式构建盘扎，门的两边是与鱼灯表演内容或鱼灯队相关内容的对联，门楣是鱼灯队名称。牌灯多以厚纸板镂空雕刻文字或图案后，裱贴上不同颜色的"玻璃纸"，点上蜡烛，民间把这灯叫"耦丝灯"，也是一件相当华丽的工艺品。牌灯或牌旗是鱼灯队的形象标志。每队鱼灯至少12盏，前后是两盏"青赤鳌鱼灯"，称为"鳌（好）头鳌（好）尾"，其次是"红黑鲤鱼灯"，称为"金银双鲤"，这4盏灯是每个鱼灯队必不可少的，其间再穿插其他不同种类的鱼灯，有金鱼、鲈鱼、鲳鱼、墨鱼、安康鱼、鲨鱼、黄鱼、淡水鲈鱼及虾、螺、蟹、蚌、龟、鲎等等几十种。每队鱼灯都以偶数对称排列行进，并配以红色的鱼珠领队，以鱼珠动作为指令，组织各"戏文"舞法。最后是乐队，随队行走的乐队多以锣鼓和唢呐为主，旧时常奏"拾锦""水龙令""将军令"等，艺人有时还会自己创作曲目，配合鱼灯表演。

传统鱼灯表演的戏文舞法多达30余种，有"鱼结群""鱼板白""鱼编笆""鱼戏珠""云里月""祝太平""上天太极""下地太极""双鳌寻珠""鲤鱼跃龙门"等。相传当年表演"鲤鱼跃龙门"

一出戏文时，经过祠堂门口，曾有舞灯高手在祠堂外将鱼灯抛向大门顶，从空中抛进祠堂，舞灯人自己则再从大门进入，在祠堂内平稳地接住从空中坠落的鱼灯。表演"上天太极"时，有多盏鱼灯在空中搭肩垒叠，人数高达4层多。鱼灯戏文舞法内容传统上多贴近生活原型，但也有特定内容的再创作。现代鱼灯舞法不断创新，原来舞法中鱼灯队根本没有虾、墨鱼等种类，后来通过艺人再创作，巧妙地利用虾须弹触墨鱼，让墨鱼在进退中吐烟，增加了鱼灯表演的动感与特技的趣味性。

铁枝在明末清初从泉州一带传入闽东沿海地区，流行于福鼎、蕉城、福安、霞浦、寿宁等县（市、区）。而闽东又以沙埕铁枝技术高超、阵容强大、场面壮观而闻名。它吸收了汉族民间艺术、传统戏剧、舞蹈杂技等艺术的精华，形成富有渔家传统节俗风格、渔村乡土文化气息的表演艺术。

沙埕镇"铁枝"俗称"杠""阁"，又称台阁。早期是竹、木质结构，用人抬杠，为单层2~3米高，叫平阁，随后发展成用钢管或铁条焊接成枝状并固定于车辕上搬行。铁枝的表演方式都是流动性的，在街市当中边搬行边表演。限于支架的承受力，演员都是少年儿童。其表演主要有两种形式，一种是保留传统的，用肩头来扛铁枝，这种形式的铁枝高度一般只在3米内，它是以身强力壮的成年人，用肩扛负少儿演员搬行，台阁造型也比较古朴、简单，其表演形式更多受地理条件的限制。再一种是用铁条或铜管为材料制作的铁枝。这种铁枝支架较高，已经发展到了10米，接近3层楼高，层与层之间称为过枝，简称"枝"。一台铁枝中部由一根钢条为杆，从底盘分两根钢条通往更上层，根据铁枝内容需要把钢条制作成各种形状，然后将这台枝的人物、道具分层固定，在各枝重要部位绑上小演员，最多可达10人。铁枝车可推行，乐队随后伴奏，阵容庞大，极具视觉效果。

搬铁枝实际是指铁枝表演的一种过程，它的艺术特征体现在三个方面：一是过枝的艺术性。过枝越隐秘，设计越巧妙，其艺术性

越高。比如《哪吒闹海》，用龙筋过枝，比较粗，而《牛郎织女》，一边一支红棍上去，一边一个算盘，大家围着猜测到底是红棍过枝，还是算盘过枝。许多人认为算盘支架太细，不能过枝。双方打起了赌，就用锯子当场锯掉红棍，上面的铁枝岿然不动，果然是算盘过枝，引得观众一片赞叹。又如采用"车轮""鸟笼"过枝，其中奥秘观众都无法想象。二是表演的观赏性。夜幕降临，搬铁枝在观众的簇拥下，时而直线行进，时而交叉回旋，就像是在夜空中飘动的景致。连续3个晚上表演的"景色"不一、变化多端，令观众大开眼界。三是形态的融合性。滨海独特地理位置和渔家世代沿袭习俗互相融合，使搬铁枝表演艺术得以传承，并且不断创新发展。

"做鱼福"是福鼎沿海渔民长期信仰的习俗，以祭海为载体，积极倡导让大海休养生息，呼吁关爱海洋、呵护海洋，表达渔村人民感恩海洋、善待海洋的意念，抒发了人们对大海的感恩之情。发掘继承"做鱼福"这一民俗文化，有利于提高人们保护海洋的共识，增进人与自然和谐相处；有利于凝聚民心，促进团结和社会稳定；有利于理顺中华民族的文化认同，展现海洋民俗文化的时代价值。

第五章　福文化的时代光芒

红色与福文化有着天然的联系，红色代表着吉祥喜庆，是中国人最喜欢的颜色。中国共产党是红色的，中华人民共和国是红色的，中国传统福文化的底色也是红色的。

中国共产党一经诞生，就把为中国人民谋幸福、为中华民族谋复兴确立为自己的宗旨，把实现共产主义作为自己的远大理想和奋斗目标。毛泽东同志1925年12月在为《政治周刊》创刊写的发刊词中指出："为什么要革命？为了使中华民族得到解放，为了实现人民的统治，为了使人民得到经济的幸福。"一代代的中国共产党人为拯救国家积贫积弱，救民于水火，进行了艰苦卓绝的斗争，为中华民族的独立、自由与解放流血牺牲，所沉淀下来的革命理论、革命经验、革命精神凝结为红色文化。红色文化包含着无数革命烈士用生命谱写的、为人民谋幸福的壮丽诗篇，激励后人奋进，照亮后人前行的道路。

一、初心和使命：为人民谋幸福

1. 古田会议，永放光芒

上杭县古田镇的古田会议会址，原是廖氏宗祠，坐东朝西，背后绿树掩映，砖墙灰瓦，飞檐翘角，古朴典雅，会址背后小山坡上的"古田会议永放光芒"八个大字熠熠生辉。

在这座宗祠大红正门两侧的窗棂上装饰的"福"字很有特色，右侧的"畐"偏旁是由上"古"下"田"构成的。千百年来，一个"福"字，承载着这片土地上的人们多少希冀，多少渴盼。古田会议会址大门上有对联"万福攸同祥绵世彩，源泉有本派衍义溪"，横批为"北郭风清"。这里的"北郭"是指廖氏祖先廖扶的名号。

"万福攸同"典出《诗经·小雅·蓼萧》。万福，泛指多福，攸即同聚之意，原意是描述诸侯朝见周天子时祝福天子万寿无疆的场

◎ 古田会议会址窗户上的"福"字

面。明代民窑青花瓷器以及清代杨柳青年画常见表现"万福攸同"的场景。宗祠"福"字窗棂两侧各有一个双喜雕饰。多少年来多少人做着多少解读，至今可能说不清了，但可以肯定的是古田会议实际上更是我们党和人民军队之福。

1929 年 12 月 28 日，中国工农红军第四军第九次党的代表大会在这里召开，这就是著名的古田会议。古田会议总结了红四军成立以来军队建设的经验与教训，确立了人民军队建设的基本原则，成

◎ 1917 年，祠堂经过维修改为古田的一所小学，称"和声小学"，在大门的外侧加了这样一副对联"学术仿西欧，开弟子新智识；文章宗北郭，振先生旧家风"，反映出既要学习西洋文明又不放弃传统文化的治学思想

为我党我军建设的伟大纲领，尤其是明确了"思想建党、政治建军"的方针，实现了人民军队的浴火重生。

古田镇因古田会议而载入史册，成为闻名全国的红色圣地之一。

如今，秀美的山川、诗意的客家村庄，处处充满着福气；"万福攸同"四个字所蕴含和期盼着和銮喈喈、幸福同享的愿景，正逐渐成为现实。这座红色小镇发生了巨大的变化，实现了从贫困老区到福建首个 AAAAA 级红色旅游景区、国家级森林康养基地的华丽跃升。毗邻古田会议会址的古田镇五龙村，处处见"福"，人人道"福"，不仅有初心福、初心邮局、丰收福、劳动福、学习福五个"福区"，还有极具特色的福酒、福锅、福果等乡村文创产品。

近年来，古田镇以红色文化为魂、以青山绿草为根、以小桥流水为韵、以乡土人家为本，因地制宜发展旅游业，带动了古田当地餐饮、住宿、服务等行业快速发展，吸引了一大批有实力的企业入驻。文化休闲旅游、研学旅行、党性教育培训、养生休闲、商务会展等服务业态齐头并进，大大提高了当地群众的生活水平，实实在在地造福了当地百姓。

古田会议永放光芒。这光芒，永远闪耀着一种为人民服务的精神，为中国人民谋幸福、为中华民族谋复兴的初心和使命。

2. 国强民富

国强民富是执政者的初衷，国强了，民富了，一个国家和国民才有福。刘熙《释名》说："福，富也。""福""富"互解，"福"与"富"的本义是相通的。传统吉祥图《百福图》就是以古字体写出各样"福"与"富"字一百个，严格来说，《百福图》中包含着"福"与"富"两个字。成语"福国利民"意思是为国家造福，为人民谋利，有时又作"富国安民"。

"富民"是中国古代民本思想的重要内容，在中国经济思想史中，几乎各流派的学说都涉及此，毕竟富国安民是治国理政的第一要义。老子提出，"以百姓心为心""无事而民自富"，强调体恤百姓，与民休养生息。儒家学派开创者孔子就提出养民、富民、教民之说，富民就是要轻徭薄赋、藏富于民。因此，他力劝鲁哀公不要与民争利，提出"省力役，薄赋敛，则民富矣""百姓足，君孰与不足"等重要思想。

孟子继承了孔子的富民思想，并进一步提出让老百姓治"恒产"。

这些论述，体现了古代民本思想的基本观点，即要以民为本，让百姓过上富足生活，只有这样，国家才能长治久安。

中国古代农耕社会生产力水平低下，抵抗自然灾害的能力极差，几千年来贫困问题都难以得到解决，饥饿几乎成为常态，所以历代官员履历的"关键词"几乎离不了赈灾、兴修水利、百姓衣食等。宋代刘子翚有言："维民之道非他，要在安之富之而已。"维民，也就是保障民生之事。

中国共产党以全心全意为人民服务为宗旨。在战争年代、社会主义建设时期，特别是改革开放以来，中国共产党人解放思想，实事求是，全面深入地领会了传统的福文化思想，积极推动经济体制

第五章

福文化的时代光芒

改革，实现了从高度集中的计划经济体制到生机勃勃的社会主义市场经济体制、从封闭半封闭到全方位开放的历史性转变，创造了历史上前所未有的伟大成就，推进了中华民族从站起来、富起来到强起来的伟大飞跃，为实现中华民族伟大复兴提供了充满生机与活力的体制保证和快速发展的物质条件，把传统的修福、造福等福文化思想推进到一个新的境界。中国也大踏步赶上了世界发展的步伐，国家综合实力不断增强，巍然屹立在世界的东方，中国人呈现前所未有的精神风貌。

"为人民谋幸福"是中国共产党人执政的主旨。社会主义现代化建设、改革开放、脱贫致富、乡村振兴、高质量发展、建立全国统一大市场等等，作为党的大政方略，始终贯穿着改善民生、国强民富的主基调。

1997年党的十五大将可持续发展确定为国家战略，强调经济、社会和生态的可持续发展，要求国家的发展既要满足当代人的需求，又不能危害后代人满足需求的能力。2002年党的十六大将可持续发展能力不断增强作为全面建设小康社会的目标之一，强调经济发展过程中对于资源环境的保护，努力走上一条"生产发展、生活富裕、

◎ 室外景观设计《中国福音》，将社会主义核心价值观内容与福娃结合，富有感染力

生态良好"的文明发展之路。2007年党的十七大报告中提出科学发展观，第一要义是发展，核心是以人为本，基本要求是全面协调可持续，根本方法是统筹兼顾。2012年党的十八大，是中国共产党在我国深化改革开放、加快转变经济发展方式非常关键时期召开的具有重要意义的一次会议，对今后一个时期中国特色社会主义道路发展进行了规划，对我国社会主义现代化进程进行了全面部署，推进了党和国家各项事业健康持续发展。2017年党的十九大在治国理政等一系列重大理论和实践问题上实现了历史性突破，中国特色社会主义进入了新时代；在习近平新时代中国特色社会主义思想指导下，在全面建成小康社会的基础上，分两步走，在本世纪中叶建成富强、民主、文明、和谐、美丽的社会主义现代化强国。

3. 为官一任，造福一方

在2022年春节团拜会上，习近平总书记强调："世界上最大的幸福莫过于为人民幸福而奋斗。"对此，福建人民有着深刻的体会。习近平同志在福建工作期间，从解决"茅草房""连家船"问题到大力实施"造福工程"，从治理"餐桌污染"到率先启动生态省建设，从推动山海协作到开创东西部扶贫协作的"闽宁模式"（福建、宁夏东西部省份对口帮扶协作、脱贫攻坚的模式），从倡导"四下基层"（信访接待下基层、现场办公下基层、调查研究下基层、宣传党的方针政策下基层）、"四个万家"（进万家门、知万家情、解万家忧、办万家事）、"马上就办，真抓实干"到提出"牢记政府前面的'人民'两个字"，一直为实现人民幸福美好生活而奋斗，留下宝贵的思想财富、精神财富和实践成果，树立了为人民幸福拼搏奋斗的典范，乃至于福建成为习近平新时代中国特色社会主义思想的重要孕育地和实践地。

习近平总书记反复强调，中国梦"必须紧紧依靠人民来实现，必须不断为人民造福"，并且进一步深入指出，幸福不只是物质或精神的满足，还在于劳动和创造。"只有奋斗的人生才称得上幸福的人生"。这些重要论述，深刻诠释了共产党人的根本宗旨，把我们对幸福、对追求幸福的认识提升到了新的境界。

第五章

福文化的时代光芒

古时称廉政爱民、施恩德于民的官员为福星。衡量标准就是看其在执政期间，能否为百姓谋福利，百姓能否安康，这其实就是我们常说的"为官一任，造福一方"。这个"福"字就意味着促进经济社会发展，让老百姓生活幸福。唐代的阳城就是这类官员。阳城有先天下忧的为民之心，更有为官之德，在湖南道州任上，给老百姓带来实实在在的好处和家庭团圆的福运。老百姓从心底里感激阳城，敬奉他为福神，并建庙供奉。

北宋胡则浮沉宦海 40 多年，足迹遍及大半个中国，所到之处，政绩斐然。在福州知府任上，胡则面对朝廷侵蚀官庄田的行为，连上三道奏章，终使福州地区官庄田税值减半，赢得了当地佃户的感激和爱戴。胡则去世，范仲淹为他撰写墓志铭，颂扬他"进以功，退以寿；义可书，石不朽，百年之为兮千载后"。这是对胡则一生最贴切的评价，果然如范文正公所言，老百姓对胡则敬若神灵，奉为胡公大帝。浙江永康市胡公祠前的照壁上，"为官一任，造福一方"几个大字最为抢眼。1959 年 8 月毛主席途经浙江金华时，召集县委书记座谈，毛主席问永康县委书记马蕴生永康县什么最出名，马书记说是五指岩生姜。毛主席摇摇头说："不是，你们那不是有块方岩山吗？方岩有个胡公大帝。胡公大帝不是神，而是人，他姓胡名则，是北宋的一个清官，为人民做了很多好事，人民纪念他，所以香火长盛不衰。我们共产党的干部也应该多做好事，为官一任，造福一方嘛！"

明代的冯梦龙 61 岁获任寿宁知县，他长途跋涉，来到地僻民贫的小县城。他抱着一念为民之心，在任上捐俸、解除虎患、修城墙、建学校、葺水陂、整社仓，秉公办案，著《寿宁待志》，两袖清风，满墙书卷，树立起为民造福的精神标杆。习近平总书记多次点赞冯梦龙，称赞他"减轻徭役，改革吏治，明断讼案，革除弊习，整顿学风，兴利除害，打造了一个百姓安居乐业的寿宁"。

1989 年 1 月，在宁德主政的习近平同志接受记者采访，谈到"为官一任，造福一方"，阐释了共产党人为人民服务的宗旨，就是要

◎《寿宁待志》书影

奉献，要改变当地面貌，领导干部要做"桥和路"，即为商品流通搭桥，为经济发展铺路。宁德曾是典型的老、少、边、岛、贫地区。习近平同志任宁德地委书记时，面对闽东贫困落后的状况，团结带领闽东人民，以"摆脱贫困"为主旨，系统提出了"以改革创新引领扶贫方向、以开放意识推动扶贫工作"原则，大力倡导"弱鸟先飞"，坚持扶志与扶智相结合，引导干部群众逐步破除"等、靠、要"的落后思想，激发内生动力，变外生性扶贫为依靠内生发展脱贫致富。在脱贫实践中，发扬滴水穿石精神，坚持精准方略，瞄准主攻方向，突出造福搬迁，强化产业拉动；落实四下基层作风，领导挂钩、干部帮扶、龙头带动、扶持村集体经济，并鼓励引导社会力量参与脱贫攻坚，形成全方位发力的工作格局，推动精准扶贫、精准脱贫落细落实。经过干部群众的共同努力，至2019年底，宁德全市实现了整体性脱贫目标。宁德扶贫成为中国特色扶贫开发道路的一个典

第五章　福文化的时代光芒

◎ 宁德脱贫致富前后情景

范。如今的宁德，产业兴旺，龙头企业带动力强，城市高楼连片而起，农村民居焕然一新，村道平坦整洁，山光水色，稻米香，果蔬甜，田野充满生机与希望，几可为换了人间。

宁德市寿宁县《卢氏族谱》载："富民强国，则四海升平，幸福可期。"一生勤政爱民的卢金锜，虽身处乾隆盛世，但他万万想不到其遗训也只有在中国共产党人执政时期才能实现。

2019 年 9 月 16 日，习近平总书记在河南考察时强调："我每次到革命老区考察调研，都去瞻仰革命历史纪念场所，就是要告诫全党同志不能忘记红色政权是怎么来的、新中国是怎么来的、今天的幸福生活是怎么来的。"答案其实很明确，也很有力，就是先辈们"为有牺牲多壮志，敢教日月换新天"精神换来的，是共产党人的精神谱系堆砌出来的。

宋代秦观《鲜于子骏行状》载，鲜于侁被朝廷任命为京东路转运使，临行前，司马光说："福星往矣，安得百子骏布在天下乎！"司马光所说的"福星"，是说鲜于侁是一个为民谋福、造福一方的好长官，如果有更多的鲜于侁遍布天下，那将是国之福也。司马光的美好愿望在今天成为现实。正是一代代如焦裕禄、谷文昌那样的共产党人为人民默默修福，一任接着一任干，中国人民才彻底摆脱了贫困，奏响了彻底改变旧面貌的雄壮交响曲。

"时代是出卷人，我们是答卷人，人民是阅卷人"，习近平总书记作出并被写入党的十九届六中全会决议的这一精辟论断，深刻回答了新的赶考之路上"谁来出卷""谁来答卷""谁来阅卷"等根本问题，生动诠释了中国共产党一以贯之的初心与使命，有力地彰显了新时代中国共产党人赶考永远在路上的清醒和自觉，鲜明地展现了强烈的历史担当和深厚的人民情怀。中国共产党将始终高举红色的旗帜，永远为人民造福，坚定走中国特色社会主义道路。

人们对于幸福人生的追求是人类最原初的愿望，也是人生最为伟大的梦想。无论是过去、现在还是未来，中国的老百姓都有一个共同的愿望，就是期盼人民的幸福，国家的富强。

二、福文化的当代价值与弘扬

1. 山海画廊，人间福地

与福文化最有缘分的省可能就是福建省了，与福文化最有缘分的省会城市也许就是福州了。至今，福建省是全国唯一名称中带"福"字的省份，福州是全国唯一名称中带"福"字的省会城市。福建人喜欢把福建称为"人间福地"，把福州称为"有福之州"。

历史上，福建人民为了生存与发展，为了美好的生活追求，积淀了丰厚的福文化资源。福建福文化，多姿多态，散见在八闽的山山水水之间；蔚为大观，流淌在福建文脉之中。有诗云："看山明水秀锦屏围，便是个人间福地。描不就，妙手丹青画图里。"其实，福建就是这样。山青水绿，气候温和，城市空气优良天数比例、主要流域Ⅰ～Ⅲ类水质比例、近岸海域优良水质比例等均优于全国平均水平，国家生态文明建设示范区、"绿水青山就是金山银山"实践创新基地数量居全国前列。良好生态环境是最公平的公共产品，是最普惠的民生福祉。

福山福水福地福气，令福建人自豪。千百年来，福文化早已潜化为塑造八闽儿女价值观与理想境界的精神力量，福建人珍惜幸福，感知幸福，更创造幸福。

中国共产党从人民中走来，依靠人民发展壮大，历来有着深厚的人民情怀。在中国共产党的领导下，福建各方面都发生了翻天覆地的变化，有力地满足了人民群众对民主、法治、公平、正义、安全、环境等方面的幸福追求。伟大成就的取得，幸福生活的缔造，是一代又一代福建人民用双手、用智慧努力创造出来的。进入改革开放新时期，福建人民以敢为人先、爱拼会赢的精神，开拓创新、艰苦创业，涌现出无数创业故事，推动福建民营经济不断发展壮大，成为经济

第五章

福文化的时代光芒

171

◎ 首届 3·20 "国际幸福日"暨"世界福"发布会现场

发展的重要支撑、科技创新的重要载体、国内国际双循环的重要主体、增进民生福祉的重要力量。

　　2012 年 6 月 28 日，第 66 届联合国大会宣布将每年的 3 月 20 日定为"国际幸福日"，指出追求幸福是人的一项基本目标，呼吁采取更包容的经济增长方式，促进可持续发展，消除贫困，增强人类福祉。确立"国际幸福日"是人类文明的一大进步，幸福是人类共同的精神家园。2013 年 3 月 20 日是联合国大会确立的首个"国际幸福日"。当天，在福州温泉公园举行了中国首个"国际幸福日"暨"世界福"发布会，旨在通过活动倡导幸福生活理念，并借此契机弘扬中国传统福文化，促进福建"山海画廊、人间福地"和福州"福山福水、有福之州"的福文化形象塑造。在庆祝活动现场，代表着福禄寿喜财五种福气的五色福旗（福气）迎风招展，来宾走福路、过福门、贴福贴、击福鼓、签福字、拍福照、领福器、授福旗，体验福之旅，感受福之乐，参与福之行，品味福之韵，顿悟福之本，精彩纷呈的活动让市民切身感受到福建福文化的博大、精深、丰富、多彩。活动以人类共同的福祉为目标，寄望团结全世界各民族人民共同追求崭新的"世界共同幸福"，大大丰富了中国传统的福文化内涵，推进了福建福文化发展的自觉性。同年6月，福州市敬献的"世界福"旗搭载神舟十号载人飞船上天，完成太空巡礼，实现了千百年来人们心中对"齐天洪福、福从天降"的祈盼。8月，"世界福"旗又出现在蛟龙号上，下潜至5200米深海。潜航员与科学家在深海一同展示了"世界福"旗。

2021年11月，为贯彻省委省政府推动福文化资源转化利用、打响福建福文化品牌的决策部署，福建全省各地各部门精心谋划、周密组织，开展了系列福文化宣传推广和创作活动，特别是抓住虎年春节这个特殊时机，深挖福文化内涵，讲好福文化故事，推动福文化"走出去"，让福文化成为春节期间最亮底色、最潮景色、最美春色，"福潮""福风"迅速成为新流行符号，在全省上下形成了"关注福文化、参与福文化、乐享福文化、发展福文化"的浓厚氛围。12月，省委宣传部会同省人社厅、省文旅厅等部门举办福建"福"文化创意设计大赛，以碑刻（碑帖）上的"福"字为基本文化元素，开展"福潮·装饰类福礼""福艺·工艺类福礼""福景·景观美学设计"三个类别的福文化文创作品征集评选，共征集到参赛作品4548件。参赛者充分利用福建传统的福文化资源，如福建非物质文化遗产剪纸、

◎ 福文化创意设计大赛获奖作品

◎ "福潮·装饰类福礼"获奖作品《福星福将 国潮手办》盲盒玩具，以朱熹、妈祖、蔡襄、林则徐、郑成功五个人物为原型，每个人物对应一个"福"字底座，与角色手中的物品相呼应，寓意为百姓带来福气

雕版印刷等，秉着环保、低碳的设计理念，就地取材，如采用竹编，为传统工艺赋予了新的文化元素，如福州的牛角梳、茶盘、漆艺，南平的建盏，德化的白瓷等，令人耳目一新。福文化景观小品兼具实用与美观，如《红砖墙福景》文化景观设计，将福文化与闽南红砖建筑充分融合。再如，《福见水仙》闽南砖雕茶盘，闽南古建筑中的"福"字窗花与水仙花融合，历史的厚重与现代的时尚极为协调地展陈在一个空间，充满着浓浓的福意，真是一个美的享受。

◎ 《闽福》为柘荣剪纸工艺品，以组图方式，方寸之间展示福建提线木偶、妈祖、惠安风情、民居、美食、山水等福建风情，寓意福建乃有福之地

全福游 有全福

COME TO WHERE FORTUNE SMILES,
FUJIAN PROVINCE

◎ 福文化旅游公益宣传语

2022年2月，为贯彻落实中央和省委省政府相关决策部署，加快打造福建文化标识体系，讲好福建故事，打响福建福文化品牌，以福文化创造性转化和创新性发展带动福建文化和旅游产业加快发展，做大做强做优福建文旅经济，助力文化强省建设，省委宣传思想工作领导小组办公室制定了《关于推动"福"文化资源转化利用，打响福建"福"文化品牌的实施方案》，提出强化福文化研究阐释、构建福文化标识品牌体系、拓展福文化宣传推介、打造福文化文艺精品、发展福文化文旅经济、推动福文化产品"走出去"六大重点任务。

一时间，福文化宣传、福文化理论研究、福文化创意、福文化品牌塑造等在八闽大地如春潮涌动，所推出的成果令人为之一振，展现了千百年来福建人民的创造与智慧。福文化的宣传推广更是落到实际中，比如福建省文旅厅通过举办"浪漫武夷、风雅茶韵"茶文旅系列活动、"沙县小吃·福味"、山海乡村寻福季、清新福建送福礼等举措，以踏青赏花、美食采摘、郊野休闲、运动健身、农事体验等为主题，让游客真真切切体验到了"全福游，有全福"。

2. 福山福水，有福之州

福州为八闽首府，史称闽都。闽都文化是指以福州为中心的闽江中下游地域文化，以闽越文化为基础，中原文化为主体，融汇海洋文化，具有开风气之先、兼容并包的特征。

福州在元代即有"福地"之称。元代诗人王偁诗曰："心知别后登临少，福地重来感慨多。"他以离别福城，少登于山为憾，故再临福地，多增感慨，可见他对福城的眷恋。同代诗人黄镇成，也曾作

◎ 鼓楼前公园百福墙及石雕

文称福州城为"福城",可知福州城已是人所共仰的福地名区。明代，《闽都记》作者王应山作诗赞九仙山新建的玉皇阁曰："海甸由来称福地，神楼谁复羡蓬壶？"称三山"福地"而以古人传说的三仙山作譬，足见他的欣喜与自豪。

2013年3月，福建省政府办公厅下发《关于实施打造"山海画廊、人间福地"2013年行动计划的通知》，全省各地积极响应，提出自己的落实措施。而早在这年的1月25日，福州市委工作会议就决定，推进福文化开发，实施朱紫坊、上下杭、烟台山、船政文化遗址群保护修复；持续打造和提升闽都文化品牌等等。推进福文化开发，不是停留在口号上，而是实实在在地做一些惠民举措，以造福百姓，让百姓真正感到幸福。福州作为一个纳百祥、聚万福的福地，近几年，在挖掘和弘扬闽都福文化上，顺应了现代福州人的需求，致力于塑造福文化形象品牌特质，打造"有福之州"的美丽家园卓有成效。

老福州人总爱说一句话："七溜八溜，不离福州。"道出了福州人对家乡的依恋之情，也道出了福州承载着的平安祥和、宁静美丽的愿景。

以"百福图"作为鼓楼发祥地的照壁样式，充分表达了福州福文化的一脉传承。鼓楼前公园百福图照壁由 100 种以篆体为基础的"福"字异形图案组成，传承中有发展，有福建特色，比如朱熹留

◎ 长乐百福公园

◎ 长乐百福公园茶壶

在福州的摩崖石刻"福"字。"百福图"采用堆塑手法制作，为"有福之州"增添了几分福气。

福州长乐区百福公园，最抢眼的就是中心广场的高 9 米、宽 15 米的巨型茶壶，气势宏大，内设水循环系统不断流转，造型生动形象，"壶""福"谐音，大壶聚福，壶即是福，福即是壶，取名"百姓之福"，意旨为百姓聚福、造福。公园大门两侧有"百福照壁"，以石雕形式展现从最早的象形文字到钟鼎文、草、隶、篆等字形的一百个"福"字，形态各异，寓意着五福临门、吉祥如意、百福骈臻、千祥云集。百福公园还有与青山绿水融为一体的福、禄、寿、喜、财五个主题生态文化园。

福州"福道"，寓意"福荫百姓，道法自然"，据说是借鉴了新

◎福道

幸福之城
FUZHOU CHINA
文明福州

加坡亚历山大城市森林步道，以"览城观景、休闲健身、生态环保"为建造原则，构建了市中心特色山林休闲系统。"福道"主体采用空心钢管桁架组成，宽 2.4 米，两边钢管护栏向外倾斜 30 度角，使人感觉视野开阔，栏杆上爬满藤蔓植物，每隔两三百米即设置休闲亭或观景台或服务中心等。远望，"福道"恰如长虹卧波，本身即是一道人文风景，为福州"大美之城"增光添彩。

福州在社会治理中处处贯彻以人为本理念。比如，房屋征迁告别"强拆"字眼，因地而异，采用模拟征迁与协商征迁办法。模拟征迁就是住户 100% 同意了才征迁。旧屋改造过程中让群众有效参与，群众有声必发，所有的操作程序都透明再透明。由原来的群众上门到政府上门，改变的岂止是一个工作作风？再如，环境整治，福州

◎ 中共福州市委文明办福文化宣传语

2014年就开始污染防治专项行动,重点针对机动车污染、餐饮业油烟、工业企业大气污染、城区扬尘污染等进行治理。如今福州在建工地,围挡、防尘网都包裹得严严实实,有的还用雾炮压尘,裸露的渣土不能及时清理的就要及时撒上草籽,长草压尘。

福州市在精神文明建设中,一直注重福文化元素挖掘。福州历史上独有的"拗九"节习俗至今已经成为福州孝敬老人的节日了。福州市委文明办在宣传中赋予福文化的新的内涵,如"孝老是福""平安是福""行善是福""诚信是福""有礼有福"等,得到市民广泛认可。目

◎ 中共福州市委文明办
福文化宣传语

前，福州市正打造全国文明典范城市，福州市民的幸福感会越来越强。

2021 年 3 月，习近平总书记在福建考察时提出："福州是有福之州，生态条件得天独厚，希望继续把这座海滨城市、山水城市建设得更加美好，更好造福人民群众。"一年来，福州高水平规划、高品质建设，全方位打造海滨城市、山水城市，实实在在地造福民生。春来，福山郊野公园已成为众多游人踏青首选，一年不低于 500 万人次到此感受福文化的最新创造，领取福州"生态福"的大红包。2022 年"元宵节"期间，福州文化灯光秀精彩纷呈，闽江两岸 20 多栋楼宇闪现的"福"字气势恢宏，光彩夺目，吸引众多市民驻足观看，充分彰显了有福之州的魅力。

 三、福文化的创造性转化与创新性发展

1. 领悟福文化的深刻内涵

如前所述，古往今来，福文化得到了老百姓高度的心理认同和

◎ 福文化宣传推广语

◎ 晋安区元宵灯会场景

价值认同,流淌在血液里,内化在灵魂中,体现在丰富多样的建筑物、款式各异的服饰、鲜活的祈福习俗、乐善好施的传统等等方面,因此推动福文化传承、创造的最大动力,只有来自文化的认同与日常生活,除此无他。那种认为"福"与"文化"、"福文化"与"产业"是两张皮的做法,然后再刻意捏合,无异于把鱼从水中捞出,再教其花样游泳之类的技巧,是典型的机械主义,只能走向死胡同。

因此,福文化的发展,尤其是创造性转化与创新性发展,首先应认真学习并融会贯通中国传统福文化理论知识。长期以来,我们浸润在福文化中,但对福文化的理论提炼有所疏失,乃至于一些人一提到福文化就是"俗气"等,显然认知是错误的,对发展福文化很不利。

我们开篇已经充分阐明,中国传统的福文化具有广泛性、思辨性、主观性等特点,更是一种价值观,不管你意识到还是没有意识到,都在自觉或不自觉地以福文化价值观指导行事。

中国共产党人不仅继承了我国自古以来的福文化思想,更丰富了福文化的内涵,对传统福文化进行了创造性发展。在新时代,更是激活了"幸福"这一美好生活的愿景与百姓的期盼。习近平总书记深刻指出："人民对美好生活的向往，就是我们的奋斗目标。"《中共中央关于党的百年奋斗重大成就和历史经验的决议》强调，要"使人民获得感、幸福感、安全感更加充实、更有保障、更可持续"。

福文化生生不息的力量，植根于百姓的衣食住行、生活的价值观中，所以，当今福文化发展、创意、品牌打造等一定要在民众生活中汲取营养，深耕中华优秀传统文化，否则将沦为无源之水。传统，并不意味着古老，更不意味着保守。赓续传统，只有老老实实先理解传统，与传统实现对话，利用现代技术和手段，以现代的思维、时尚的思维、年轻的思维为传统注入活力。

几年前，福州三坊七巷完成了古与今的交接，成为全国著名的文化街区，是个很成功的案例。福州另一处历史文化街区上下杭也正在改造之中，"闽江之心"已露出崭新面容。福州城市变得越来越美，街巷越来越整洁，推窗见绿，大街绿化越来越多；出门见园，公园散布于城市的边边角角。内河与步道并行，河畔柳枝依依，行人心情愉悦，为城市增添了无数韵致。"青榕巷陌、粉黛灰瓦、百河润邑"，岂止是福州城市的风貌，何尝不是福州市民之福呢？

2. 以新理念为指导，弘扬与发展福文化

2015年，习近平总书记在党的十八届五中全会上提出创新、协调、绿色、开放、共享的新发展理念，这是对我国发展理论的一次重大创新，也是为人民谋福祉的伟大理念，与中国传统福文化所折射出的生活观念及价值观完全一致。

新时代"五位一体"总体布局和"四个全面"战略布局就是我们发展福文化的具体指导思想，只有这样，才是满足人民获得感、幸福感、安全感，最终迈向美好生活的正确之路。

对此，福建不少学者提出很好的对策，比如"将福文化作为福建推进中华优秀传统文化现代化的总抓手，纳入经济、政治、文化、社会、生态发展全局，纳入物质文明、精神文明、政治文明、社会文明、生态文明建设全局，生产、生活、生态、福文化一体推进，以生产之福成就生活之福，以生态之福支撑生活之福，以生产、生活、生

◎ 数字福建博览会情景

态之福打造福建之福"。这一思路是有道理的、切实可行的，也获得越来越多的认可。这与习近平总书记为福建擘画的"机制活、产业优、百姓富、生态美"蓝图是一致的。

首先应将福文化融入"寿山福海"之中，因势利导，展示福建山的魅力、海的风情。寿山福海，是中国民间常用的吉祥语，比喻寿如山高、福似海深，广受各阶层欢迎。常见的"寿山福海"图，一般绘以蝙蝠围绕海中山崖飞翔，图中突出于海水的山崖是寿山，石上长有灵芝，寓意长寿如意；天上翻飞着蝙蝠，"蝠""福"谐音。"寿山福海"图多用于祝人多福多寿、福寿绵长。自明代以来，"寿山福海"图得到广泛使用，明清两代皇帝的龙袍必绣"寿山福海"图案，民间则十分流行家庭中堂悬挂"寿山福海"图。福建枕山卧海，天蓝水绿，山清水秀，一幅天然的寿山福海景致，福建发展当不辜负上苍的恩赐。比如，福建的旅游规划中，蓝色滨海游完全可以从福建寿山福海文化传统中提炼出富有文化底蕴与情调的精品旅游线路，如山海浪漫游、康养颐年游等。

随着经济社会发展和人民生活水平不断提高，人民群众更加重视生命质量和健康安全，向往高品质的健康之福。2021年，习近平总书记在三明市沙县总医院实地了解医改惠民情况时，提出了一个"幸福算法"——健康是幸福生活最重要的指标，健康是1，其他是后面的0，没有1，再多的0也没有意义。影响甚广的三明医改从"以治病为中心"转向了"以健康为中心"，已作为医改样板向全国推广。当下福建正全方位构建幸福养老服务体系，已基本实现"一市一县一中心、一乡一镇一敬老院"布局。三明市沙县区农村的"幸福院＋乐龄学堂"、泉州市创新"爱心午餐＋互助养老"模式、平潭综合实验区推出"居家养老服务卡"电子化结算、松溪县中医药领航医养结合等一批新做法，让老年人从"老有所养"到"老有颐养"，享居福建之"考寿之福"。有学者提出，福建可打造"运动之福""康养之福""考寿之福"产业等等。比如，"运动之福"：福建是全国体育产业强省，不仅拥有安踏、舒华、匹克、特步等品牌，体育产业增加值和地区生产总值占比位居全国第一；福建具备海洋、岛屿、港湾、沙滩等滨海运动资源，为省内外游客提供了"运动＋度假"的新健康旅行模式；闽西、闽东、闽北因其山地优势，登山步道、骑行道等全民健身设施随处可见。居福建既可游生态山水，又可享户外运动，无论是厦门环岛跑一场马拉松，还是围观冠豸山国际自行车赛、

◎ 福州元宵灯会场景

185

去汀江参与龙舟文化节，都能增强群众参与健身的获得感和幸福感。

在文化与产业的融合方面，文化不断打开产业的价值空间。历史上，老祖宗不断将福文化元素融入建筑、衣饰、器具、文玩等等之中，作为生产要素，大大提升了产品的价值，促进了经济发展。例如，仅以2021年保利拍卖会上的瓷器来说，无不富有浓浓的福文化元素，像青花忍冬寿字纹大盘、胭脂红彩团凤纹碗、粉彩国泰民安图碗、粉彩灵仙祝寿图碗、黄地粉彩开光万寿无疆纹碗、黄地轧道粉彩富贵白头纹观音尊等林林总总，正是这些文化元素抬升了产品本身的价值。福文化元素与器物的结合，还大大提高了器物的文化审美价值。时下流行的文化创意，将福文化元素植入手提包、杯子、挂坠以及景区景观中，是历史的继承，也是创造。

文化的力量在于润物无声，不是轰轰烈烈地"打造"。前几年南安市康美镇梅魁村村民苏子强的一幅画书"福"字苏绣作品拍出68万元高价，这得益于他祖传珍宝——"龙凤福"绢本绘画。这幅由五只轻盈飞翔的青凤和两条遨游的青龙组成的一个"福"字，被誉为"中国第一画书"。这幅作品长约两米、宽近1米，据专家鉴定，是明朝皇亲国戚府邸中堂摆设作品，将两龙五凤入画，构成一幅吉

◎ "福"字刺绣

◎ 福文化宣传推广 logo

祥汉字"福"字，字融于画，画藏于字，虚实相生，华美雅致。作品由炭和石膏经特制工艺制作的颜料绘就而成，保存至今仍焕然若新。如何赋予珍宝新生，苏子强大胆构思，将其转换为中国传统名技"苏绣"。借刺绣专家妙手，耗时一年多，完成两幅苏绣龙凤"福"字，作品高 128 厘米、宽 98 厘米，每幅用了 2000 多万针。整件作品典雅高贵，气韵流动，既有书法之韵味，更有苏绣的秀美，实为传统艺术与当代艺术的完美结合，因此受到藏家青睐。

历史上，福文化激发着人民的创造性，在创造中又享受福文化，而劳动是创造福文化的基本途径。福建非物质文化遗产众多，漆画、剪纸、瓷器、石雕、木雕、竹藤编织、木偶戏等等，为福文化创造提供着永不枯竭的资源。如莆田，是全国重要的工艺美术产区，拥有"中国木雕之城""中国古典工艺家具之都""中国金银珠宝玉石首饰特色产业基地""中国银饰之乡"等多个工艺美术"国字号"称呼，至于全省就更多了。不少工艺美术师以自己对福文化的理解，守正创新。设计、创作本身也是一种感悟幸福的过程，文创活动，要有"文"有"创"，"创"必有"文"，这是传统。

福州福文化建设起步早，注重自身资源挖掘与地域特点。宋代时福州已经商贸发达、文教鼎盛，"百货随潮船入市，万家沽酒户垂帘""路逢十客九衿青，半是同窗旧弟兄，最忆市桥灯火静，巷南巷北读书声"。福州注重挖掘、宣传福文化资源，提高了福州文化的

第五章

福文化的时代光芒

自信度和市民参与美化、建设福州的自豪感。不知不觉中,福州空气更清新了,街道更整洁了,休闲散步的去处更多了,餐桌更安全、丰富与高品质了。

"五凤朝阳生丽水,九龙经脉出金汤。"福州有 1000 多年利用温泉的历史,辛弃疾、李纲等逗留福州时留下了赞美福州温泉的诗句。明清时温泉与百姓生活密不可分了,清代福州竹枝词"浴罢半瓯茶乍试,归途凉趁日初昏",也就是施鸿保《闽杂记》说的"浴后,茗碗啜香,菰筒漱润,亦闽游一大乐事也"。福州通过挖掘温泉文化,赋予传统温泉现代体验,打造泡在温泉里的城市,如一副对联所言:"非福人不能来福地,有龙脉才会有龙泉。"

福州自古以来是"山骨水魂遍地榕"。城在山中,水绕城走,诸峰鼎峙,两江分合,榕荫满城,暑不张盖。城市如榕树一般坚韧博大而有生机,完全可以打造榕树文化地标,造福百姓。

《行香子·茉莉花》曰:"天赋仙姿,玉骨冰肌。向炎威,独逞芳菲。轻盈雅淡,初出香闺。是水宫仙,月宫子,汉宫妃。"茉莉香飘,是对福州最好的简介,是市民之福。2014 年,福州茉莉花与茶文化系统入选"全球重要农业文化遗产",同年福州茉莉花茶传统窨制工艺被列入国家级非物质文化遗产代表性项目名录。今日的福州茶产业发展规划乃至于经济社会文化发展规划与远景目标,已升华为打造国际化大都市,打造"茉莉花茶城"文化地标。

2021 年 3 月 22 日,习近平总书记在福建武夷山考察时指出,要把"茶文化、茶产业、茶科技"统筹起来。习近平总书记的重要讲话精神,为茶产业发展指明了方向,提供了科学指引。过去,茶产业是福建脱贫攻坚的支柱产业,如今成为乡村振兴的重要拉动力量。红红火火的茶产业让一座座荒山变成了金山银山,可谓一项美丽产业、富民产业。"天下之茶建为最",历史上,福建茶业不断书写着巅峰性的篇章,造福了福建,造福了中国,也造福了世界。

"爱国爱乡、海纳百川、乐善好施、敢拼会赢",这是当代福建人共同的理想精神。这种精神,与福建人民对幸福的理解与追求息息相关，甚至可以认为是福建文化精神层面的指标。历史的宏大叙事以鲜活的、个体的、微观的展陈来展现，福文化从来不是凝固的，而是扎根在鲜活的市井生活中。幸福靠自己创造，福建人民应发扬福建精神，凝聚全省力量，加强福文化修行，在新发展格局中，促进福文化建设，支撑福建奋力谱写全面建设社会主义现代化国家新篇章。

第五章

福文化的时代光芒

后　记

为贯彻落实福建省委宣传思想工作领导小组《关于推动"福"文化资源转化利用，打响福建"福"文化品牌的实施方案》，福建省政协文化文史和学习委员会从弘扬和传承"福文化"角度进行策划，由福建省炎黄文化研究会召集福建省专家、学者编写了《福建传统的福文化》。

编写者以习近平总书记关于传承和弘扬中华优秀传统文化的一系列重要论述以及习近平总书记在福建的重要讲话精神为编写原则，系统梳理了福建文化典籍、书画、碑刻、族谱、家训、建筑、装饰、器物、行状等等之中沉淀的福文化信息，以及民间习俗、信仰中的福文化观，整理出福建福文化的来龙去脉。本书涉及福建历史文化名人龚颖、蔡襄、王伯大、朱松、朱熹、黄榦、林之奇、真德秀、李贽、谢肇淛、黄仲昭、曾庭龙、甘国宝、罗英笏、陈若霖、华嵒、黄慎、伊秉绶、梁章钜、林则徐、林昌彝、黄宗汉、齐鲲、沈葆桢、林纾、陈衍、严复、郭柏荫、林觉民、胡子春、何振岱等数十人。

本书的出版有利于人们了解福建福文化发展脉络与宏阔的内涵，以指导人们树立正确的福文化理念，为文化强省建设提供支撑，为打响福建"福"文化品牌提供理论支持。

本书由福建省政协文化文史和学习委员会协调相关部门和单位并组织实施，由福建省炎黄文化研究会主编，参与编写者有金穑、黄河清、杨芳、黄莱笙、连允东、青禾、文心、林蔚文等。林振寿、穆睦、杨婀娜、陈飞江、林丽云、谢旭东、李洪元、林玲等提供了图片。马照南、林思翔、陈用毅对书稿进行了审阅。

福建福文化研究是个新课题，之前未有同类读物问世，本书只是个尝试，以为福建福文化建设尽绵薄之力，疏漏在所难免，欢迎读者批评指正，以共襄福建福文化建设与发展，共同打造人间福地。

编写者

2022.7